賃貸不動産の「お金」のすべてがわかる

地代家賃
権利金・敷金・保証金・承諾料
更新料・立退料

［共著］

弁護士　　　　　　弁護士
安西 勉・國部 徹

自由国民社

はしがき

　不動産の賃貸借では、「お金」の問題がからむことが少なくありません。そしてそのお金にも多くの種類があり、いろいろな名前がついています。地代・家賃や権利金、敷金、保証金などがその代表的な例ですが、そのほかにもたくさんあります。このようなお金は、賃貸借契約にとって、重要な意味を持っています。その扱い方いかんでは、たとえば、続くはずの契約が打ち切られてしまったり、あるいは逆に終わるはずだった契約が継続されてしまうようなことも珍しくないのです。

　ところが、ふつうはこのようなお金について、世間ではあまりげんみつに考えられていないようです。もちろん、それで何も問題が起きなければかまわないのですが、必ずしも平穏無事とはかぎりません。とくに最近では、貸主と借主との関係がギスギスしているといったことが多く、そのような場合には、ちょっとしたミスが大きな損害を招き、あるいは不必要な紛争を生み出してしまいます。これが現実というものです。

　本書は、法律的には素人の方が、右のような紛争にまきこまれることを少しでも防止しようとの意図のもとに、賃貸借契約にからむお金について解説を試みたものです。そのような問題で不安がある方は、本書の目次に目を通し、関係個所をお読みください。必ずしも全面的な解決をもたらすとはかぎりませんが、紛争解決の指針として、少しでもお役に立てば幸せです。

　なお、今回の改訂版では、最新の法令・判例により全ページ見直しを行い、また、整理のために章末に「まとめ」の項を設けました。

　平成30年11月

著　者

●地代家賃 権利金・敷金 保証金・承諾料 更新料・立退料／目次　・はしがき …… 2

巻頭グラフ 不動産の賃貸借と金銭の授受 ………… 11

◆不動産の賃貸借と金銭 ……………………………………… 11
1・賃貸住宅（アパート・マンション・一戸建て）と金銭の問題……… 12
2・土地の賃貸借と金銭の授受 ……………………………… 14
3・不動産の賃貸借と各種の金銭授受の意味 ……………… 16
4・不動産の賃貸借とお金のトラブル解決法………………… 18

第1章　地代家賃の法律と紛争の解決事例 ……… 19

❶地代家賃の意味・その実状は ……………………………… 20
1．地代家賃の意味 …………………………………………… 20
　【紛争ケース１】貸主が取り立てに行っているとどうなるか …… 22
2．地代・家賃の額 …………………………………………… 23
3．社宅の使用料 ……………………………………………… 24
❷契約の継続と地代家賃の紛争 …………………………… 26
1．賃料の値上げをめぐるトラブル ………………………… 26
2．地代家賃問答①　賃料値上げと家主の立場……………… 27
3．地代家賃の値上げと供託 ………………………………… 30
　【紛争ケース２】税金分にも満たない額は賃料とはいえない …… 32
❸借地借家の賃料の問題点 …………………………………… 34
1．損な立場──それは貸主！ ……………………………… 34
2．新制度の確立 ……………………………………………… 35
❹契約の解除と地代家賃の処理 …………………………… 36
1．地代家賃の不払いと契約解除 …………………………… 36
2．地代家賃問答②　不払いをめぐって ……………………… 37
3．催告なしに解除できるとの特約 ………………………… 39
4．延滞金および遅延損害金の請求………………………… 40

3

第2章 権利金の法律問題と紛争の解決事例 … 41

❶権利金とは何か・その実状は ……………………………… 42

1．権利金とは何か ………………………………………… 42

2．礼金とのちがい ………………………………………… 43

3．造作権利金 ……………………………………………… 43

【紛争ケース①】礼金か権利金か………………………… 44

❷契約するときの権利金の問題 ………………………… 46

1．権利金問答①　後でもめたときのことを考える……………… 46

2．権利金問答②　自分に有利な条項を無理なく入れる………… 48

3．権利金問答③　契約書を作るときの注意 ………………… 49

❸契約の継続中に起きる権利金の紛争 ……………… 52

1．無断譲渡・転貸の禁止 ………………………………… 52

2．譲渡権利付きの場合 …………………………………… 53

3．権利金と譲渡権利 ……………………………………… 53

【紛争ケース②】自由に譲渡できる事例 ………………… 54

4．賃貸借終了後の返還の要否 …………………………… 56

5．無断譲渡・転貸と契約の解約 ………………………… 57

6．権利金と賃料値上げ …………………………………… 58

❹権利金をめぐる紛争 ……………………………………… 59

1．はっきりしない権利金の性質 ………………………… 59

2．賃貸借終了後の返還の要否 …………………………… 59

3．権利金の性質 …………………………………………… 60

【紛争ケース③】賃料の前払いとして権利金が支払われた事例 … 60

4．造作権利金をめぐる紛争 ……………………………… 62

【紛争ケース④】造作権利付きの貸借権を譲渡した事例 ………… 62

5．更新拒絶や解約申込と権利金 ………………………… 64

【紛争ケース⑤】家賃を上げないとの特約が認められた事例 …… 64

6．借地契約と権利金 ……………………………………… 65

【紛争ケース⑥】便利な場所の賃貸借………………………… 66

4

目　次

7．場所的な利益の対価 ……………………………………………… 67

　【紛争ケース⑦】長期間使い切った事例 …………………………… 68

　【紛争ケース⑧】賃貸借の期間が短いとき ………………………… 68

第3章　敷金の法律問題と紛争の解決事例 …… 71

１敷金とは何か・その実状は ……………………………………… 72

１．敷金の意味 ………………………………………………………… 72

２．敷金問題①　敷金についての契約と相場 ……………………… 73

３．敷金の性格（貸主にとっては担保）…………………………… 73

４．敷金の性格（借主にとっては財産）…………………………… 74

　【紛争ケース①】敷金を差し押えるには ………………………… 75

２契約するときの敷金の問題 ……………………………………… 77

　【紛争ケース②】敷金を返還する時期……………………………… 77

１．敷金問答②　敷金を返さないと ………………………………… 79

２．敷金はどのような場合に入れるのか …………………………… 80

３．敷金でなした保証金の償却 ……………………………………… 81

３契約の継続中に起きる敷金の問題 ……………………………… 82

１．敷金問答③　借主から賃料を敷金から差し引いてくれと

　　いわれたとき ……………………………………………………… 82

２．敷金で担保される範囲 …………………………………………… 83

３．敷金が差し押えられたとき貸主は ……………………………… 84

４．貸主が途中から変わった場合と敷金 …………………………… 86

　【紛争ケース③】敷金を前の家主から戻すという取り決め ……… 86

５．敷金と賃料値上げ ………………………………………………… 88

４敷金返還と原状回復費用 ………………………………………… 89

１．建物の返還と原状回復義務 ……………………………………… 89

第4章　保証金の法律問題と紛争の解決事例 …… 91

１保証金とは何か・その種類と実状は …………………………… 92

１．保証金問答①　保証金の性質とは何か ………………………… 92

5

２．保証金の敷金的性格 ………………………………………… 93

　３．保証金問答②　保証金の種類はさまざま ………………… 94

　４．貸主が変わった場合の保証金の返還 ……………………… 96

❷契約するときの保証金の問題 ……………………………… 98

　１．償却と返還 …………………………………………………… 98

　２．保証金の実状 ………………………………………………… 99

　３．保証金の取り扱い方の書式 ……………………………… 101

　４．保証金問答③　保証金の値上げについて ……………… 103

❸保証金の返還と紛争 ………………………………………… 105

　１．保証金と明渡し …………………………………………… 105

　２．使用料相当額の損害金 …………………………………… 106

　３．保証金と原状回復 ………………………………………… 107

　　【紛争ケース①】家主がわざと原状回復を遅らせた事例 ………… 108

第5章　承諾料の法律問題と紛争の解決事例 … 111

❶承諾料とは何か・その種類と実状 ………………………… 112

　１．承諾料とは ………………………………………………… 112

　２．承諾料の種類 ……………………………………………… 112

❷承諾料の取り扱いとその相場 ……………………………… 115

　１．借地非訟手続きとの関係 ………………………………… 115

　２．承諾料の相場 ……………………………………………… 115

　３．承諾料問答①　改築の承諾料の正当性 ………………… 118

　４．承諾料問答②　転貸を認めるための承諾料 …………… 118

第6章　更新料の法律問題と紛争の解決事例 … 121

❶更新料とは何か ……………………………………………… 122

　１．更新とはどういうことか ………………………………… 122

　２．期間の定め ………………………………………………… 122

　３．更新料問答①　合意更新と法定更新 …………………… 123

❷借地契約の更新 ……………………………………………… 125

目　次

１．借地契約の更新①　合意更新 ………………………………… 125

２．借地契約の更新②　黙示の更新 ……………………………… 125

【紛争ケース①】地主の長男が病院を開業 ………………… 127

３．借地契約の更新③　借地人の請求 …………………………… 128

４．借地契約の更新④　建物の再築 ……………………………… 129

５．法定更新排除の特約 …………………………………………… 131

❸借家契約の更新 …………………………………………………… 132

１．合意更新 ………………………………………………………… 132

２．法定更新 ………………………………………………………… 132

３．家主の更新拒絶の通知 ………………………………………… 132

４．正当事由 ………………………………………………………… 133

５．解約の申入れ …………………………………………………… 134

６．法定更新排除の特約 …………………………………………… 135

❹更新料とは何か・その実状は ………………………………… 136

１．更新料とは ……………………………………………………… 136

２．更新料支払いの実状 …………………………………………… 138

３．更新料問答②　更新料は支払わなければならないのか……… 138

４．更新料を支払うという特約 …………………………………… 140

❺更新料をめぐる紛争と解決 …………………………………… 141

１．更新料をめぐる紛争 …………………………………………… 141

２．更新料をめぐる紛争と解決 …………………………………… 142

第7章　立退料の法律問題と紛争の解決事例… 145

❶立退料とは何か・その実状は ………………………………… 146

１．立退料とは ……………………………………………………… 146

２．立退料のきめ方 ………………………………………………… 146

【紛争ケース①】双方の利益になる解決 …………………… 147

❷契約解除と立退料 ……………………………………………… 149

１．契約解除とは …………………………………………………… 149

【紛争ケース②】家賃を滞納しはじめた …………………… 149

7

２．立退料の相場 ……………………………………………… 151

３．立退料の支払時期 ………………………………………… 152

❸正当事由の補強と立退料 ……………………………………… 153

１．正当事由とは ……………………………………………… 153

２．正当事由の補強と立退料 ………………………………… 153

❹立退料の具体的金額が算出された事例 ……………………… 156

１．立退料の相場 ……………………………………………… 156

２．裁判例① 新橋駅前ビル ………………………………… 157

３．裁判例② 立退料の例 …………………………………… 159

第8章 修繕費用・必要費・有益費・造作買取り・建物買取りの問題 …… 163

❶修繕費用をめぐる問題点 …………………………………… 164

●修繕は誰がするのか ………………………………………… 164

１．修繕が必要な場合 ………………………………………… 164

２．借主がこわした場合 ……………………………………… 166

【紛争ケース１】借主が自分で取り付けた場合 ……………… 166

●修繕費用についての特約 …………………………………… 167

１．保存行為 …………………………………………………… 168

【紛争ケース２】黙示の特約 …………………………………… 169

２．特約の有無の認定 ………………………………………… 170

❷必要費とは何か・その費用は ……………………………… 171

１．必要費問答① 必要費の意味と必要費は誰が出すのか…… 171

２．必要費の償還請求 ………………………………………… 172

３．必要費の具体例（借地の場合）………………………… 173

４．必要費の具体例（借家の場合）………………………… 174

❸有益費と費用の償還 ………………………………………… 175

１．有益費問答① 有益費とはなにか―有益費とは、

どういう場合に誰が出すのか …………………………… 175

２．有益費の具体例 …………………………………………… 176

３．契約の終了と有益費の償還 ……………………………………… 177

４．有益費の償還 ……………………………………………………… 178

５．有益費償還の要件 ………………………………………………… 178

６．償還される額と支払期限の猶予 ………………………………… 179

【紛争ケース①】テニスコートの造成と有益費 ……………… 179

4造作買取りとその金額 ……………………………………………… 182

１．造作買取り問答①　造作と造作買取りの請求とは …………… 182

２．造作とはなにか …………………………………………………… 183

３．造作の買取請求 …………………………………………………… 184

４．造作買取請求の要件 ……………………………………………… 185

５．買取請求の効果 …………………………………………………… 186

６．造作買取請求権を排除する特約 ………………………………… 186

5建物買取請求権と買取り …………………………………………… 188

１．借地契約の期間満了と建物買取請求 …………………………… 188

２．建物買取請求権の要件と効果 …………………………………… 189

３．建物買取請求権放棄の特約 ……………………………………… 190

第9章 紛争実例による**供託・借地非訟・調停・ 訴訟による解決の方法** …………… 191

1供託の活用と手続き ………………………………………………… 192

１．地代家賃の紛争と供託 …………………………………………… 192

２．契約の解約と供託 ………………………………………………… 193

３．供託の方法（借主の知識）……………………………………… 194

４．供託金の還付（貸主の知識）…………………………………… 196

５．供託にはどんな効果があるか …………………………………… 197

2借地非訟手続きによる解決法 ……………………………………… 198

●借地非訟手続きとは ………………………………………………… 198

１．借地条件の変更の申立て ………………………………………… 199

２．増改築許可申立て ………………………………………………… 202

３．譲渡・転貸の許可の申立て ……………………………………… 204

４．競売の場合の申立て ……………………………………………… 206

５．地主からの借地権譲り受けの申立て ………………………………… 206

３ 調停による解決法 …………………………………………………… 208

１．借地借家と金銭紛争 ……………………………………………… 208

２．調停の申立て方 …………………………………………………… 208

３．調停申立書の記入事項と添付書類 ………………………………… 209

４．調停はどう進められるか ………………………………………… 210

５．調停にのぞむ心構え ……………………………………………… 211

４ 訴訟による解決法 …………………………………………………… 213

１．訴訟を起こす手続きと裁判の進め方 ……………………………… 213

２．訴訟上の和解とは ………………………………………………… 214

３．訴訟は弁護士に相談してから …………………………………… 215

４．少額の訴訟なら本人訴訟も ……………………………………… 215

巻末資料 **借地借家の金銭問題の重要判例** …………… 217

●全国の弁護士会の所在地・連絡先一覧…221／弁護士の手数料（報酬）…223

> 巻頭グラフ

——早分かり——
不動産の賃貸借と金銭の授受

■他人の土地を借りる場合でも、他人の建物を借りる場合でも、結構お金がかかるものです。貸主と借主の間の金銭の授受にはトラブルもつきもの。実際に起こった事件を題材に、その予防法と解決法を考えてみましょう。

◆不動産の賃貸借と金銭 ・・・・・・・・・・・・・・・・

　賃料を払って他人の物を借りる契約を賃貸借契約といいます。賃貸借契約については民法という法律に定めがありますが、これは貸し借りする物が何かとは無関係にごく基本的なことを定めた規定です。貸し借りする物が土地や建物（不動産）の場合には、少しばかり特別な約束事が必要になります。そこで住むにしても働くにしても、不動産は人々の生活の基盤であるという特殊な性格があるからです。そこで、借地借家法という法律が規定され、不動産賃貸借特有の問題についてのルールを定めています。しかし、借地借家法も不動産賃貸借に関するすべてを事細かに定めているわけではありません。特に不動産賃貸借で授受される金銭については、法律に直接の規定がないものもあります。

　トラブルが発生した場合には、実際に過去に起こったトラブルに関する裁判所の判断（判例）や国土交通省がトラブル防止を目的として発した通知（通達）などを目安にして解決法を探っていくことになります。

◆早わかり　①賃貸住宅（アパート・

```
賃貸契約 ─── 入　居 ─── 居　住
の締結
```

◆権利金・敷金・礼金・保証金
- それぞれの金銭の性質はどのようなものか。
- いつまでに支払うのか。
- 不動産屋の仲介手数料はどんな場合に払うのか。
- それぞれの金銭額の相場は。

▷権利金⇒第2章（41㌻以下参照）
▷敷　金⇒第3章（71㌻以下参照）
▷礼　金⇒第2章（43㌻参照）
▷保証金⇒第4章（91㌻以下参照）

◆家賃（賃料）
- 家賃の支払い時期は。
- 家賃の支払が遅れたらどうなる。
- 貸主が家賃を受け取らないときはどうする。
- 借主が家賃を払ってくれないときはどうする。
- 家賃の増減で折り合いがつかないときは。

▷家　賃⇒第1章（19㌻以下参照）

◆建物の修繕費用
- 建物が地震で壊れたら。
- 建物の雨漏りの修繕費用は誰が出す。
- 借主が建物を壊したら。

▷修繕費用⇒第8章（164㌻以下参照）

■建物賃貸借契約

　賃貸借契約とは、他人の物を借りて使い、その代わりにお金（賃料）を払うという契約です。

　建物の賃貸借契約には、大きく分けて普通借家契約と定期借家契約の2種類があります。普通借家契約は、契約期間が満了しても、貸主側に特別な事情（正当事由）がない限り、借主が望めば契約の更新が認められるものです。これに対して定期借家契約は、更新がなく、契約で定めた期間が満了したら借主は立ち退かなければならない契約です。

　建物の賃貸借といっても一戸建てに限りません。アパート、賃貸マンション、貸し店舗、貸し事務所の賃貸も法律上は建物の賃貸借です。

■建物賃貸借と金銭授受の問題点

　建物の賃貸借で問題になるお金は賃料だけではありません。契約締結の際には、敷金や保証金、礼金、権利金の問題があり、普通借家契約では更新の際の更新料の問題

巻頭グラフ

マンション・一戸建て）と金銭の授受

```
期間満了 → 契約更新 ────────→ 明渡し
```

◆**更新料**
- 更新料は必ず発生するのか。
- 更新料を払わなかったらどうなる。
- 更新料の相場は。
▷更新料⇒第6章（121㌻以下参照）

◆**立退料**
- 立退料はどんなときに必要か。
- 立退料の決め方と相場。
▷立退料⇒第7章（145㌻以下参照）

◆**原状回復費用**
- 借主の原状回復が必要な範囲は。
▷現状回復費用⇒第3章（89㌻以下参照）

◆**造作買取料**
- 借主が備えつけた造作はどうする。
▷造作買取料⇒第8章（182㌻以下参照）

があります。
　また、普通借家契約では、貸主が借主に立ち退きを求めるときには立退き料が問題になることがあります。これらのお金の性質については法律に定めがないものもあり、貸主と借主の間でトラブルになることも少なくありません。
　まず契約締結時点から見てみましょう。この時点ではあまり問題はありません。賃料の額や、その他の金銭授受の内容に不満があれば、借主は他の物件を探すからです。問題は借主が居住した後です。借主が賃料を滞納したら、貸主はすぐに追い出すことができるでしょうか。もし、賃借建物が壊れたら修復費用は誰が出すのでしょうか。
　普通借家契約で約束の期限がきて更新する場合、更新料が払えなかったら更新はできないのでしょうか。
　もっとも大きなトラブルになるのは立ち退きのときです。契約締結のときに貸主が受け取った敷金や保証金、礼金、権利金はどうなるのでしょう。借りていた建物の壁や畳の日焼けや損耗は誰が負担するのでしょうか。このようなトラブルの予防法と解決法を考えてみることにします。

◆早わかり ②土地の賃貸借

賃貸契約の締結 → 建物建築 → 居住

◆権利金・保証金
- 権利金、保証金はどのような性質で授受されたか。
- 権利金、保証金は必ず必要か。
- それぞれの金銭額の相場は。
▷権利金⇒第2章（41㌻以下参照）
▷保証金⇒第4章（91㌻以下参照）

◆地代
- 地代の相場はどの程度か。
- 地代の支払いが遅れたらどうなる。
- 貸主が地代を受け取らないときはどうする。
- 借主が地代を払ってくれないときはどうするか。
- 地代の増減で折り合いがつかないときは。
▷地　代⇒第1章（19㌻以下参照）

◆承諾料
- 借地権を譲渡や転貸するときなど契約条件を変更するには承諾料が必要か。
▷承諾料⇒第5章（111㌻以下参照）

■土地賃貸借契約
　土地の賃貸借契約は、大きく分けて、借りた土地を駐車場として使用する場合のように、建物を建てないで使用する場合の賃貸借と、建物を建てるために土地を借りる場合とに分かれます。建物を建てない場合には民法が定める賃貸借の規定が適用されますが、建物を建てるために賃借するのであれば借地借家法が適用されて、借主の保護が図られます。

■普通借地契約と定期借地契約
　建物を建てるために他人の土地を借りる契約には、存続期間満了後も更新が認められる普通借地契約と更新を認めない定期借地契約があります。普通借地契約は、一時使用目的の場合を除き、最低30年の期間存続します。
　定期借地契約は、一般定期借地契約と建物譲渡特約付借地契約、事業用借地契約の3種類があります。それぞれに、期間の定め方や契約内容に特徴があります。

巻頭グラフ

と金銭の授受

```
期間満了 → 契約更新 ─────────────→ 明渡し
```

◆**更新料**
- 更新料は必ず発生するのか。
- 更新料を払わなかったらどうなる。
- 更新料の相場は。
- 更新しない、できない場合の借地上の建物はどうなる。
▷更新料⇒第6章（121ペ以下参照）

◆**立退料**
- 立退料はどんなときに必要か。
- 立退料の決め方と相場。
▷立退料⇒第7章（145ペ以下参照）

◆**建物買取料**
- 明け渡すとき借地上の建物はどうなる。
▷建物買取料⇒第8章（188ペ以下参照）

■**土地賃貸借契約と金銭授受**

　契約締結の際にはまず地代をいくらにするかをきめなければなりません。
　地代については契約期間内での増減請求についての定めは借地借家法にありますが、当初いくらに設定するかという点では定めはありません。一般的に普通借地契約よりは、定期借地契約の方が更新できない分、地代が低い（普通借地契約の6割から7割程度）場合が多いようです。
　また、土地の貸借契約の締結のときには、権利金の授受が行われることがよくあります。注意が必要なのは、権利金をどのような性質と見るかです。法律には権利金の性質などを定めた規定はありません。そのため、権利金の性質は契約内容で決まってくるのです。性質を明確に定めていないことが多く、額も大きい場合があり、トラブルのタネになりがちです。
　そして借地契約の場合には、建物賃貸借と違い存続期間が長いことが多いため、期間内での解約の問題や、借地権の譲渡・転貸と承諾料の問題など、トラブルのタネはつきないのです。

◆早わかり　③不動産の賃貸借と

■契約締結時

敷　金　借家契約／借地契約

敷金とは、賃料の不払いや、借主の責任で生じた賃借物の損耗など、賃貸借期間中に生じた損害の担保として差し入れておく金銭。保証金の一種。敷金の返還は、原状回復に関連してトラブルが多いため、国土交通省などが原状回復に関するガイドラインを公表している。

権利金　借家契約／借地契約

場所的な利益の対価、または賃料の一部前払いとして借主から貸主に支払われる金銭。借地契約や営業用の建物の賃貸借で支払われることが多い。権利金は普通は返還されない性質のものだが、契約が期間の途中で終了したような場合には返還が必要になることもある。実際には権利金という名称が使われていても、それが本当に権利金としての性質を持っているかどうかが明確でない場合も多い。そのためにトラブルのタネになることもしばしばある。

保証金　借家契約／借地契約

敷金と同じ。ただし、一時期敷金とは別に、建物調達のための費用を賄うために弁済期限を設けた保証金と称する金銭を貸主が預かることがあったが問題が、多く現在も争いが残っている。

礼　金　借家契約／借地契約

第二次世界大戦後の住宅不足のときに、立場の弱かった借主が、貸してもらいたい一心で、契約させてもらうお礼として貸主に支払った金銭の名残り。契約が終了しても返還されない。住宅過剰の現在では、礼金の授受も徐々に少なくなっているが、受け取るのを当然と考えている貸主もいる。権利金という呼び名を嫌い礼金とするものもある。

仲介手数料　借家契約／借地契約

不動産業者が他人の土地や建物の賃貸の仲介（媒介）をしたときに受け取る報酬。不動産業者が自分の所有する物件を賃貸するときは報酬は受け取ることができないが、別に仲介のための子会社を作って、その会社に仲介させたことにして手数料を受け取らせるところもあり、トラブルも起きている。

巻頭グラフ

各種の金銭授受の意味

■賃貸借期間中

家　賃　借家契約

建物の賃貸借契約で支払われる賃料を家賃という。普通は月々支払われることが多いが、前払いすることも貸主と借主が合意すれば可能。共益費もある。

更新料　借家契約 借地契約

契約の期間が満了するときに、契約の更新を承諾してもらうために借主が支払う金銭。判例は、更新料の支払いが契約内容（特約）になっていなければ、支払う必要はないと考えている。

地　代　借地契約

土地の賃貸借契約で支払われる賃料を地代という。普通は月々支払われることが多いが、前払いすることも貸主と借主が合意すれば可能。

承諾料　借家契約 借地契約

借主が契約で禁止されていることをしたときに、貸主に承諾してもらうために支払う見返り料。賃借権の譲渡や転貸、増改築などが禁止されている場合に、これを承諾してもらうために支払われることが多い。

修繕費　借家契約 借地契約

緩んだ地盤の補修や雨漏りの修理費用などのように借地・借家を維持・保全するための費用（必要費）は、特約がなければ貸主の負担。改良のための費用（有益費）は、借地・借家の価値が増加した場合には貸主に請求できる。

■契約終了時

立退料　借家契約 借地契約

貸主から、契約終了後の立ち退きを円満に進めるために支払う金銭や、貸主側の事情で立ち退きを求める場合に支払う金銭。

建物買取料　借地契約

借地契約が更新されず、期間満了で終了し、借主が建物買取請求権を行使した場合に、貸主が建物の代金として支払う金銭。

造作買取料　借家契約

借家契約が更新されず期間満了で終了し、借主が、貸主の承諾を得て備えつけた造作の買取請求権を行使した場合に、貸主が造作の代金として支払う金銭。

④不動産の賃貸借とお金のトラブル解決法

1 地代・家賃のトラブル

■地代・家賃の不払いがあったときは、まず最初に当事者間で話し合うのが普通です。そして話し合いで解決できないときは、貸主が支払督促か調停を申し立てます。それでも解決できないときに訴訟を提起します。借地借家の契約は一定期間継続する契約です。できるだけ穏やかな手段で解決するにこしたことはないのです。

2 契約条件の変更等のトラブル

■契約条件の変更、借地上の建物の増改築、借地権の譲渡・借地の転貸などで貸主の承諾が得られない場合など、一定の場合には、借地非訟事件手続きという、訴訟ほど堅苦しくない特殊な手続きが認められています。貸主と借主で話し合っても解決しないときは、この手続きを利用するのも解決法の一つです。

3 その他の金銭トラブル

■不動産賃貸借に関する金銭授受のトラブルはさまざまです。賃料の増減などもトラブルのタネになりがちです。貸主が増額を主張して、従来の額の賃料では受け取らないという場合には、供託して賃料の不払いになることを避けることができます。その上で話し合い⇒調停申立て（調停前置主義）⇒訴訟の提起という具合に解決法を探ります。

第1章

地代家賃の法律と紛争の解決事例

❋地　代……土地の賃借料（普通借地権・定期借地権）
❋家　賃……建物の賃借料（アパート・賃貸マンション・一戸建て借家）
　　　　　　（営業用の場合もあり）

- 地代家賃の意味・その実状は…………20
- 契約の継続と地代家賃の紛争…………26
- 借地借家の賃料の問題点………………34
- 契約の解除と地代家賃の処理…………36

1 地代家賃の意味・その実状は

> 地代家賃の額は貸主と借主の合意によって決まり、支払方法などは契約で決まる。

1. 地代家賃の意味

　地代や家賃は、賃料あるいは賃借料などともよばれます。**借地の場合には地代、借家の場合には家賃**とよばれますが、以下、このことをまとめて「賃料」と呼ぶことにします。

　賃料は、お金で支払われるのがふつうです。しかし、絶対にお金でなければならないのではありません。実際には少ない事例でしょうが、お米とか、しょう油などで賃料を支払うようにきめることも自由です。ただし農地の賃貸借の場合には、必ず賃料はお金で支払うことになっています。

　さて、権利金のところで出てきますが、**賃料は前払い**することもできます。

　たとえば、向こう何年間分とか、全期間分などを一括して前払いすることもできるのです。もっとも、これらのことは、当事者の合意が前提になっています。つまり当事者が、そのようにきめた場合のことなのです。ふつうの場合には、賃料は「月払い」になっています。また、サラリーマンの給料などと同じように、「後払い」が原則となっています。つまり、その月の分を、その月末に支払うことになっているのです。

　しかし最近の契約書をみますと、前払いの方が多いようです。たとえば、「毎月月末までに翌月分を支払う」といったようにきめられているのです。このようにきめられていれば、そのとおりに賃料を支払わなければなりません。先ほどの「後払い」というのは、賃料の支払時期につ

20

いて何もきめられていない場合のことなのです。

賃料を支払う場所は、原則として貸主の住所です。つまり、借主が貸主のところへ出かけて行って賃料を支払うことになっているのです。実際の契約書でも、「貸主方に持参または送金のうえ支払う」などときめられているのが普通です。

もちろん、貸主が借主のところへ出かけていって、賃料を取り立てることもできます。そして、家

★家賃、払ってください

賃などの支払いがとどこおりがちの場合などは、むしろ家主が集金に回ることが多いようです。

また、契約書で「賃料は貸主が取り立てることにより支払う」などときめられている場合もあります。この場合には、借主としては、貸主が取りにくるまでは、賃料を支払う必要がありません。したがってこの取り決めは、借主にとって都合のよい決め方ということになります。

以上のことをまとめますと、**賃料は、①お金で、②１か月分を、③月末に、④貸主のところへ持参して支払う**のが、原則ということになります。これとちがったきめ方をすることは自由ですが、とくにきめていないかぎりは、この原則どおりになります。

最近は、賃料を銀行の自動振込みで支払うことが多くなっています。その場合には、下の〔書式１〕のような条項を入れることになります。

【書式１】賃料の銀行振込み条項の例

> 第□条　賃料は一か月金〇〇円とし、賃借人は毎月末日限り翌月分を〇〇銀行〇〇支店の賃貸人名義の預金口座に入金して支払う。

紛争ケース① 貸主が取り立てに行っているとどうなるか

　前にのべたように、賃料は貸主のところへ持参あるいは銀行の自動振込みにより支払うのが多いようです。とはいっても、賃料の払いが悪いときなどは、貸主が出むいて集金することがあることも、前にのべました。

　Aさんは、50坪ほどの土地をBさんに貸しています。この借地契約書によれば、地代はBさんが毎月末に翌月分をAさんのところへ持参して支払うことになっています。

　ところがBさんは、自分で地代を持ってきたことなど一度もありません。Aさんが何度もBさんの家に出むいて、催促したあげく、ようやく半年分くらいをまとめて支払うというのが、これまでの通例でした。このようにして、もう10年以上もたっています。

　さて最近になって、Aさんはこの土地を使う必要にせまられました。息子夫婦が独立するため、この土地に住まわせてやりたいと思ったのです。もっとも、いまはBさんが住んでいますから、Bさんに出て行ってもらわなくてはなりません。それには、Bさんとの間の契約を解除する必要があります。

　そこでAさんは、Bさんのところへ地代を取りに行かないことにきめました。そうすればBさんは、これ幸いとばかり、地代を支払わないでしょう。しかし契約では、地代は持参することになっていますから、そうすればBさんの契約違反です。Aさんは、そのことを理由に契約を解除して、Bさんに出て行ってもらおうと思ったのです。

　案の定、それからはBさんは、まったく地代を支払いません。Aさんは1年ほど待ったうえ、Bさんに対し「5日以内に1年分の地代を持ってこなければ契約を解除します」との内容証明郵便を出しました。これに対してBさんは、電話で「地代がほしかったら、いままでどおり取りにこい」といってきました。

　もちろんAさんは、これを無視しました。そしてしばらくしてから、Bさんを相手に、地代の不払いによる契約の解除を理由として、土地明

22

渡しの裁判を起こしました。

この裁判の争点は、地代は借地人が持参するのか、それとも地主が取り立てるかという問題です。もし地主が取り立てるものならば、Bさんの地代の未払いということには、ならないのです。

Aさんは「最初の契約書どおり、持参するものだ」と主張しました。

これに対してBさんは、「その後の話し合いで取り立てることに

★賃料はできるだけ持参払いに……

なった。現にAさんはいつも地代を取りに来ていた」と主張します。

裁判では、Aさんの言い分が認められました。勝訴したAさんは、土地を返してもらうことができたのでした。

ただし、この事例では、契約書があったから、こうなったものの、それがなければ、逆な結論になったかもしれません。また、契約書があったとしても、Bさんの反論がもう少し強ければ、やはり逆の結論になったかもしれません。長年にわたってBさんの家まで地代を取りに行っていた事実は、何といってもAさんに不利だからです。

地主や家主の立場からすれば、賃料はできるだけ持参または送金させるべきです。それを待っていては賃料を支払わないような借主に対しては、催促のうえ、賃料の不払いを理由に契約を解除したほうが賢明でしょう。

２．地代・家賃の額

賃料の額は、別にきまっていません。当事者の話し合いできめる性質のものなのです。地代家賃統制令では、その最高額が制限されることもありましたが、現在この法律は廃止されました。賃料は、借主が目的物

を使用し、貸主がそれを使用させることの「みかえり」として支払われるものです。

　したがってたとえば、土地の固定資産税だけを借主が負担することにして、その分を貸主に支払っているような場合には、その支払われたものは賃料とはいえません。貸主の側には、何の利益もないからです。この例のような場合は、使用貸借ということになります。これは、タダで物を貸す場合のことで、親の敷地を使って子供が家を建てるような場合がこれにあたるでしょう。使用貸借の場合には、賃借人を保護するために定められた借地借家法（旧借地法、旧借家法）は適用されません。したがって借主の場合は、それが適用される場合よりもずっと弱くなります。

　さて、賃料の相場ですが、**借地**では、土地にかかる固定資産税や都市計画税などの税金の３倍から５倍（これらの税額が平成になって大幅に上った地域では３倍程度）くらいの地代というのが多いようです。もちろん、当事者間の話し合いで、これよりも高くしても、また安くしても、かまいません。借家では、このような意味での基準はありません。

　借地にしろ借家にしろ、いくらくらいの賃料が相当かということは、むずかしい問題です。裁判でそれが問題となるときは、不動産鑑定士に鑑定してもらうのがふつうです。といっても、ふつうの場合は、そこまではできないでしょう。結局、近隣の相場にしたがうのが妥当なところだと思います。近隣の相場については、地元の不動産屋さんにたずねれば教えてくれるでしょう。

３．社宅の使用料

　ここで、社宅の使用料について、ふれておきましょう。社宅の使用料は、賃料といえるかどうかということについてです。

　なぜこれが問題になるかというと、賃料といえるならば、借家契約ということになり、借地借家法の適用があるからです。賃料でないということになると、借地借家法（旧借家法）の適用はなく、前にのべた使用貸借となるにすぎません。明渡しなどについて、両者の取り扱いは、大

第1章　地代家賃の法律と紛争の解決事例

きくちがってきます。もちろん、借地借家法が適用されるほうが、入居者はずっと保護されるのです。

　ひとくちに社宅といっても、その使用料の額からみると、いろいろなものがあります。すなわち、タダみたいに安いものから、ふつうの借家なみに高いものまであるわけです。

　判例は、社宅の使用料を2つに分けています。タダみたいに安いものと、世間なみに高いものの2つがそれです。そして、安い場合には、それは賃料ではなく、社宅の維持費にすぎないとしています。その結果、借地借家法は適用されませんから、たとえば入居者が定年などで退職すれば、社宅から出て行かなくてはならないことになります。

　一方、世間なみに高い場合には、これを賃料であるとし、借地借家法を適用させています。したがって、使用料の不払いや、無断転貸などの契約違反がないかぎりは、よほどの事情がなければ、出て行く必要はないことになります。入居者が退職したような場合も同じです。

　判例のこの態度には、疑問がないわけではありません。「世間なみに高いかどうか」といっても、その境界をどこに引くかは、問題です。また、タダみたいに安いといっても、結局は給料から差額分を引かれていることもあるでしょうから、いちがいにそのようにいうこともできません。

　このように、社宅の使用料には、はっきりしないところがいくつかあります。したがって、判例のように考えたとしても、使用料の値上げとか、退職や配置転換にともなう立ち退きの申し入れなどの場合は、いずれにせよ問題が残ります。そのような問題で裁判になったとしても、結論がどうなるかの予測はむずかしいでしょう。

　ちなみに、公営住宅や公社・旧公団住宅などは、いずれも法律にもとづいて作られており、その法律が適用される範囲内では、ふつうの借家とはことなります。しかし、それ以外の点では借地借家法が適用され、その意味ではふつうの借家とちがいありません。

② 契約の継続と地代家賃の紛争

賃料は事情の変化により、値上げあるいは値下げをすることができる。紛争となれば、まず調停の申立てを裁判所にする。

1．賃料の値上げをめぐるトラブル ・・・・・・・・・

　借地や借家で起こるトラブルの多くは、賃料の値上げをめぐる事例です。つまり貸主が一定金額の値上げを通告するのに対し、借主がそれをみとめないというトラブルが、それです。

　インフレのもとでは、いちどきめた賃料も、2～3年もたつと、現状に合わないものになってしまいます。ひるがえって考えてみれば、貸主は賃料収入を生活の基礎としている以上、物価の上昇分にみあうくらいに、賃料を上げるべきだということについては、異論がないでしょう。

　ところが、この「物価の上昇分」がどれくらいかということは、必ずしも明らかではありません。政府の発表する卸売物価や消費者物価の指数は、一応のめやすにしかすぎません。あるときは、政策上、実際よりも低く発表することもあるでしょう。物価上昇とは逆に下落もあります。

　そればかりではありません。たとえば、地主は、土地が値上がりした分だけ、地代も値上げするべきだと考えるかもしれません。ところが、地価の上昇率は、物価のそれを上回っているのがふつうです。借地人としては、物価上昇分くらいの値上げにとどめてもらいたいと考えるでしょう。

　また、借家の場合には、建物は年々老朽化していきます。借家人としては、物価上昇分は別として、建物が古くなる分だけ、実質的には家賃を低くしてもらいたいと考えるでしょう。一方、家主としては、家賃収入が実質的に減らないように、物価上昇分の値上げくらいは、最低の値

上げ分として希望するでしょう。こうしたことは、物価や地価の下落の場合も同じことがいえます。

これが商品の値段とか、各種料金ならば、それほどトラブルは起こりません。売り手が値上げをしても、それが不当に高ければ、客は逃げてしまいます。そうなれば、売り手は、こんどは値下げをして、客をつかもうとします。結局、妥当な線に落ち着くことになります。ところが、借地や借家の場合には、そうはいきません。いったん住んでしまった以上は、そう簡単に「売り手」（貸主）を変えるわけには、いかないのです。

昔は貸主と借主の間柄は、親密でした。お互いにゆずり合う結果、賃料の値上げや値下げをめぐってトラブルが起きることも、そう多くはありませんでした。しかし、最近では、お互いに自分の利益を中心に考える傾向にあり、いつもいつも、まるくおさまるとは、かぎらないのです。

2．地代家賃問答①　賃料値上げと家主の立場

　地代家賃などの賃料の値上げということも、なかなかやっかいなものですが、結局、話がつかないときは、どうなるのですか。

●**家主は家賃の受取り拒否**　たとえば、はじめは5万円の家賃だったところが、2年後に、家主がこれを6万円に値上げすると通告したとします。これに対して、借家人は、5万5000円にしてほしいといって、その額だけを持ってきたとしましょう。

この場合に、家主はだまってその額を受け取ると思いますか？

もしだまって受け取ると、借家人の言い分をみとめたことになってしまいます。つまり、6万円に値上げを予定していたのに、今回の値上げは5万5000円でよいということになってしまうのです。したがって家主としては、受け取りを拒否するでしょう。

一方、借主のほうとしては、それならばと賃料を支払わないままでいることはできません。というのは、賃料の不払いを理由に、契約を解除されてしまうからです。

質問 貸主としては、どうしたらよいのでしょうか。

●**借主は供託で対抗** 借地借家法などによれば、借主はこのような場合に、相当とされる額を賃料として、供託すればよいことになっています。つまり賃料値上げについては、借主のほうに主導権があることになります。もっとも、貸主のほうで裁判を起こし、その結果、貸主の言い分がとおれば、借主は、供託額が裁判でみとめられた額にたりない分に、1割の利息を付けて貸主に支払わなければなりません。

★こんなにかかるのですか?!

この範囲では、貸主のほうにも、ある程度の主導権がることになります。裁判で勝てば、自分の言い分が、1割の利息を付けてとおるわけですから……。

ここで問題なのは、裁判をするには時間がかかります。しかも、この種の裁判では、前にのべたように、裁判所は、不動産鑑定士に鑑定させます。その費用は十数万円あるいは数十万円にものぼります。貸主は、この費用について、少なくともその半分を持つのがふつうです。家賃などの値上げには、こうした時間とお金の問題について回ることを頭に入れておいてください。

質問 そうしますと、賃料の値上げが認められても、裁判の費用分にくわれてしまいますね。

●**値上げ裁判の損得** そういうことです。このため、賃料の値上げを求めて裁判を起こすことは、実益の上から考えもの——疑問です。実際にも、この程度の裁判は、更新料の支払いや明渡しを求める裁判とだき合わせで起こされることが多いのです。なお、賃料の増減のトラブルでは

いきなり訴訟を起こすことはできず、まず調停に付さなければなりません。

つまり賃料の値上げを求めて裁判を起こすのは、費用の面で採算がとれないわけです。こうしてみると、結局、賃料の値上げについては、実質上、借主に主導権があることになります。

もっとも、貸主の側に主導権がある場合もないではありません。それは新規に貸す場合です。この場合だけは、貸主が自分の判断で賃料の額をきめることができます。

この場合は、いやなら借りるな、というわけです。したがって、貸主としては、借主の回転を早くして、いつもいつも新規に貸すほうがトクということになります。

したがって、賃貸アパートやマンション、それに店舗や事務所などは、貸主に有利です。

こうした物件は、借主が変わるたびに、新規に賃料をきめられるというわけです。したがって、借主が変わることがめったにない場合、つまり一戸建ての借家とか、借地などの場合は、貸主に不利だということになります。

要するに、貸主との間に信頼関係を保てる自信がない以上は、前記のように不利な形（一戸建ての借家や借地）では貸さないほうが賢明だということになるでしょう。

ちなみに、契約書の中にあらかじめ一定の率（たとえばその場所の土地の固定資産税の上昇率）で値上げする旨の条件を入れておく方法も考えられます。しかしながら、この方法も万全ではありません。相手の方で値上げを拒否すれば、結局は裁判に持ちこむほかはありません。それに、そのような条件が有効かどうかということも、裁判で問題とされる余地もあります。

とはいっても、そのような条項があれば、そうでない場合よりも借主が拒否することは少ないと思われますから、無意味とはいえないことは、もちろんです。

3. 地代家賃の値上げと供託 ・・・・・・・・・・・・・・・・

　前記の問答の内容をまとめてみましょう。賃料の値上げから供託、調停・裁判へといたる仕組みは、つぎのとおりです。

　① **値上げの申し入れ**　まず貸主が、借主に対して値上げの申し入れをします。その幅は、貸主が自分で適当にきめてかまいません。この申し入れをする時期については、とくに制限はありません。借家の場合には、契約の更新時にされることが多いでしょうが、それ以外の時期でもよいのです。ただし、ある程度の間隔をおくことは必要です。つまり、あまりひんぱんに値上げするというわけにはいかないのです。急激なインフレのような特別な事情がない以上は、少なくとも２年間くらいおくのが適当でしょう。

　なお、賃料値上げができるのは、将来の賃料についてだけです。公務員の賃金のベースアップのように、過去の分にさかのぼって値上げすることはできません。たとえば、ある年の９月になってから「賃料は本年４月分から〇〇円に値上げする」というような申し入れをすることはできません。このため、賃料値上げの申し入れは、内容証明郵便でされるのがふつうです。後になって借主から「そのような申し入れは受けていない」などといわれないようにするためです。

　② **借主の供託**　貸主の申し入れを、そのまま借主がのめば、なにも問題はありません。しかし借主がその申し入れを「高すぎる」と拒否することが多々あります。その場合、前記の問答にあったように、借主は相当とされる額を「供託」することになります。供託の手続きについては、あとの項目（192頁以下）をみてください。

　③ **調停**　供託が続けられている間は、事態が進展しません。どちらかなが根負けすれば別ですが、そうでないかぎりは何年たっても同じことです。このような事態を打開するには、貸主が訴訟あるいは調停などの手続きをとらなければなりません（訴訟については213頁以下、調停については208頁以下をみてください）。こうなったら貸主としては、裁判所に訴え出て、値上げをみとめてもらうしかないのです。なお、地代家賃の

トラブルでは調停前置主義（調停をしなければ訴訟はできない）がとられていますので、いきなり訴訟を提起することはできません。

④ **判決** 調停で話がつくか、あるいは訴訟の途中で和解が成立すれば、めでたく解決、となるわけです。しかし、これらの段階で話がつかなければ、最終的には訴訟で判決を出してもらうことになります。裁判所は、いろいろな事情をもとにして判決を出します。その事情のおもなものは、以下の3つです。

★どちらが得か?!

①目的物（土地あるいは建物）に対する税金が高くなること。
②目的物自体の価額が高くなったこと。
③付近一帯の賃料が高くなったこと。

もちろん、この3つの事情以外のものも考慮されます。たとえば、賃貸店舗で借家人が多額の利益をあげたことなども、値上げの理由になるでしょう。

このような諸事情を考慮して、従来の賃料が安すぎると判断すれば、裁判所は値上げをみとめます。また全面的にみとめないまでも、たとえば2万円の幅で値上げを求めているのを、1万円の幅でみとめるといったこともあります。逆に、まったく値上げをみとめないこともないではありません。

ちなみにこの際、貸主や借主にその訴訟でいくら費用がかかったかということは考慮されません。たとえば、弁護士や不動産鑑定士にいくら支払ったかということは、考慮されないのです。このため、前の問答にもあったとおり、訴訟では勝ったものの、収支ではマイナスになるとい

うことも少なくありません。

⑤　**差額の精算**　貸主の請求、つまり賃料の値上げがみとめられた場合には、借主の供託している額は、裁判所のみとめた額にたりないことになります。借主がこのたりない分を支払わなければならないことはもちろんですが、さらにたりない分に年1割の割合の利息をつけなければなりません。

　貸主としては、しかし年1割くらいの利息をつけられても、不満は残るでしょう。たかだか2～3年分くらいの値上げがみとめられたとしても、訴訟にかけた費用にもたりないのがふつうだからです。同じことは、借主が訴訟で勝った場合にもいえます。

　一般的にいうと、訴訟に勝つためにかける費用を支払うことを考えれば、あっさり値上げをみとめたほうが安くつくことでしょう。したがって、この種の訴訟が単独で起こされることは、めったにありません。費用的に合わないからです。このため、前の問答でものべたように、明渡しや更新料の支払いが求められる訴訟が起こされる際に、その付け足しとして賃料値上げの訴訟が起こされることが多い、といってよいでしょう。

紛争ケース②　税金分にも満たない額は賃料とはいえない

　Aさんは、Bさんに土地を貸しています。この地代は、月額1万円でした。ところが、この地代は十分なものではありません。1万5000円くらいが妥当なところです。

　このため、AさんはBさんに対して「地代をせめて月1万5000円にしてほしい」との申し入れをしました。しかしBさんは、これをみとめません。「いまのままで……」とのことで、その額を供託するようになりました。

　Aさんは、その後も3年ごとに一度、値上げの申し入れをしましたが、Bさんは、いぜんとしてそれに応じません。このようにして、10年間

第1章　地代家賃の法律と紛争の解決事例

もたってしまいました。この間には、土地に対する固定資産税や都市計画税も上がります。7年目からは、ついに税金の額が、供託金1万円を超えてしまいました。これ以降は、Aさんが税金にたりない分を持ち出しで支払うことになります。たまりかねたAさんは、つぎのような内容証明郵便をBさんに出しました。

「かねてより地代の値上げを申し入れてきたのに対し、貴殿は月額1万円のみを供託してきましたが、右金額は3年前より土地に対する税金分にもたりなくなり、以後不足分は私が負担しております。ちなみに現在の税額は月額1万5000円になっておりますので、今後は地代を月額4万円と致しますからこれをお支払いください。万一、今後も従来の金額を供託し続けるときは、借地契約を解除致しますのでご了承ください」

Bさんは、この申し入れをも無視しました。「借地人は自分で適当と思う賃料を供託していればよい」と考えていたからです。その後も月額1万円だけを供託し続けました。しかしながら、いくら「自分で適当と思う賃料」とはいっても、土地に対する税金分にも満たないものが「適当」であるはずがありません。それでは地主の持ち出しになってしまいますから、「賃料」とさえいえないでしょう。

このような理由から、Aさんの解除の申し入れは有効であると考えられます。Aさんが建物収去、土地明渡しの訴訟を起こせば、まず勝訴できるでしょう。Bさんとしては、せめて税金分になんらかのものを上乗せして供託をするべきだったのです。

用語解説　　借家（建物の賃貸借）契約

　借家とは、建物の賃貸借のことで、これにはアパート・賃貸マンション、一戸建て貸家などがあり、居住用以外の店舗・事務所用等の営業目的のものもあり、借地借家法が適用され賃借人の保護がなされています。借家契約には、普通借家と定期借家とがあり、定期借家は期間の満了で契約は終了し更新のない借家契約です。最近、多く建築されているサービス付き高齢者向け住宅も賃貸住宅です。

33

3 借地借家の賃料の問題点

> 地代家賃の値上げは、借地借家人が応じなければ困難である。
> 争う場合は、まず、民事調停の申立てをする。

１．損な立場──それは貸主！ ・・・・・・・・・・・

　これは、筆者の主張です。したがって、これは１つの意見であり、し
かもどちらかというと、現在のところ少数意見です。実用書としての本
書向きのものではありません。実用書からの実益を期待している読者は、
読みとばしていただいて、かまいません。筆者の主張というのは、借地
や借家における貸主の立場というものが、あまりにも損な立場にあると
いうものです。これは戦後の地代家賃統制令の流れにつながるものであ
り、国の都合を貸主に押しつけた立法でした。

　前にものべたように、貸主が地代や家賃を値上げすることは、容易で
はありません。何といっても主導権が、借主の側にあるからです。たと
えば、借地の場合で、地代を一割値上げするとします。その一割が、
3000円であるとしましょう。借地人がこれに応じれば、なんの問題も
ありません。しかし、借主がこれに反対するとなると、主導権は、借主
のほうにあります。その理由は、前にのべたとおりです。また、最近で
は、値上げどころか値下げの要求もあります。

　さて、地主が、借地人の反対を押して、地代を値上げするとします。
そのためには、まず調停の申し立てをして、不調の場合は裁判を起こさ
なければなりません。訴訟の費用としては、弁護士費用や、先ほどの不
動産鑑定士への費用で、少なくとも数十万円が必要です。

　しかし、もしその裁判に勝ったとしても、それにより貸主の得る利益
は、わずかなものです。月に3000円の値上げが認められたとしても、

３年間で、せいぜい10万円と少しです。これでは、裁判を起こすのも考えものです。

これでは、貸主としてはワリに合いません。貸主が、借主の「お情け」のもとに、わずかの賃料値上げでがまんすることになるのも、このような事情があるからです。また、もし裁判を起こしても、それが認められたとしても、２〜３年もたてば、その結果は、古くなっていて、物価の値上がりについていけません。それを改めるには、また裁判を起こさなければならず、これでは、イタチごっこです。貸主にとっての裁判費用などを考えれば、イタチごっこ以上のものです。

貸主として、このような循環をたち切るためには、借主を変えるしかありません。新しい借主との間でならば、妥当な額の賃料をきめる自由があります。ところが、一戸建ての借家や、借地の場合には、それがむずかしいことも、前にのべたとおりです。また、昨今の地代の下落では、値上げなどままならない状況にあります。

要するに、賃料の値上げについては、貸主のほうが不利な立場にあることは、いなめません。

２．新制度の確立 ・・・・・・・・・・・・・・・・・・・・・・・

このような、貸主にとっての不合理を解決するためには、新しい制度をつくるしかありません。定期借地、借家の制度ができたのはそのためです。また、前に〔地代家賃問答①〕でのべた１割の利息を、２割ないし３割くらいに引き下げる立法も、一つの方法です。そうすれば、貸主は、裁判費用がいくらかでも助かる半面、その負担をおそれて、借主の側でも、自主的に妥当な範囲での値上げを認めることになるでしょう。

また、あとにのべる「借地非訟」の手続き（198頁以下）が、賃料の値上げについては、無関心であることも、合理的ではありません。賃料の値上げの裁判のように、実質的には、大きな額とはならない事件については、そのような簡単な手続きが用意されるべきだと思うからです。

4 契約の解除と地代家賃の処理

賃料不払いを理由とする契約解除では、催告の通知をしてそれでも支払いがないときに契約解除する。

1. 地代家賃の不払いと契約解除

　借地借家法などによって、借主の立場は非常に強いものになっています。そのため、定期借地契約・定期借家契約であるとか、あるいはよほどの事情がないかぎりは、貸主のほうから契約を解除されるとか、更新を拒絶されるようなことはありません。

　借主のほうで出て行くことを望まない以上は、半永久的に住み続けることができるのがふつうです。

　しかし賃料の不払いだけは、借主にとって致命的な落ち度となります。賃貸借契約をささえているものは、「賃料を支払うかわりに目的物を使用する」という対価関係ですが、賃料の不払いによって、この関係がくずれてしまいます。そうなれば、貸主からは簡単に契約を解除することができるのです。

　そのため「賃料不払い」は、契約を解除しようとする貸主にとってもっとも強力な武器であり、実際上の契約解除がみとめられた理由の大半をしめています。

　ちなみに、賃料不払い以外の契約解除の理由、たとえば無断増改築や無断譲渡・転貸などは、契約解除の理由としてそれほど強いものではありません。それらがあったとしても、それだけでは必ずしも契約解除がみとめられるとはかぎりません。

　それに加えて、これらが背信的に行なわれたものであり、そのために借主、貸主間の信頼関係が破られたということになって、はじめて契約

解除がみとめられるのです。

これに対して賃料不払いの場合には、それがある程度以上に達したということだけで契約解除の理由となるのです。貸主としては賃料収入をあてにしているのですし、それが入るからこそ貸すのですから、むしろ当然のことといえるでしょう。

★これがキメ手!!

2．地代家賃問答②
不払いをめぐって

質問 賃料の不払いが、強力な契約解除の理由となることはわかりました。それでは、どのくらいの滞納があれば解除できるのでしょうか。

●**1～2か月では無理** 1か月では無理で、2か月でもやはり無理でしょう。それでは3か月分以上ならば、まちがいなくできるのか、とよく聞かれますが、たとえば賃料について、半年払いとか1年払いのような契約もあります。そのような場合には、3か月支払いが遅れただけでは解除できないでしょう。

そして「月払い」の場合はどうかといいますと、やはりそれだけではむずかしい事例が多いと思います。

質問 なんだか、たよりないですね。賃料不払いも、あまり強力な解除の理由ではないのですか。

●**まずは催促する** いままでのべたのは、催促しない場合のことです。催促してもなおかつ支払わないというのであれば、ずっと解除しやすくなります。

この催促のやり方ですが、これは決してむずかしいことではありません。

すなわち、「賃料がこれだけたまっているから、いついつまでに支払ってください」といえばよいのです。大切なことは、いついつまで、という猶予期間をおかなければならないことです。

　そして、この猶予期間をどのくらいおくかは、催促する金額によります。払う側の事業にもよるでしょうが、10万円前後なら3日くらい、数十万円で5日くらい、100万円以上で1週間くらいといったところでしょう。

質問　大きな金額になるほど猶予期間を長くおけるわけですね。それでは、何か月分くらい賃料がたまったら、催促することができるのですか。

●**2～3か月で催促**　そうですね、1か月たまったくらいで催促するというのも神経質すぎますから、2か月分以上くらいたまったらということになるでしょうか。2か月分以上たまって、猶予期間をつけて催促しても支払わないときには、解除できることになります。

　なお、猶予期間がすぎてから解除の申し入れをするというのは二重の手間ですから、はじめに催促する際に、同時に解除の申し入れもしてし

【書式2】賃料催促と契約解除申入れ

　前略　かねてより貴殿に対し○○市○○番所在の宅地（または建物）を賃貸しておりますが、この平成○○年○月分以降の賃料のお支払いがありません。つきましては本書到達後5日以内に滞納賃料金○○円を持参または送金のうえお支払いくだされたく、万一、前記期間内にこの支払いがないときは、本書をもって貴殿との間の賃貸借契約は解除することと致しますのでご了承ください。　　　　　　　　　　　　　　草々

　　　平成○○年○月○日

　　　　　　　　　　　　　　　○○市○○○番○号

　　　　　　　　　　　　　　　　甲　野　太　郎　㊞

○○市○○○○番○号

　乙　野　次　郎　殿

まうのがふつうです。

　どのようにいうかについては、前頁に、その書式を示します〔書式２〕。これは後日のため、内容証明郵便でやることはもちろんです。

３．催促なしに解除できるとの特約 ・・・・・・・・・・・・・・・

　賃料不払いを理由に契約を解除するには、催促が必要であることは、前にのべたとおりです。ところが、市販の契約書用紙の多くは、催促なしに解除できるとの特約が入れてあるものが大部分です。どういうことかといいますと、たとえば２か月分以上賃料がたまったときは、貸主は催促することなしに、すぐに契約を解除することができるというように書いてあるわけです。

　このような特約は、有効であるとされています。ただし、わずか１か月分たまっただけでも解除できるというのでは、あまりにも借主の地位が不安定ですので、そのような特約は無効とされるおそれがあります。

　このような特約が有効である以上は、催促なしに、すぐに解除の通知を出して、解除がみとめられることになります。ところが、よほど解除したい場合は別として、このような特約があっても、いちおうは催促してみるというのが、実務家のふつうのやり方です。

　有効であるとはいっても、裁判官によっては無効と考える人がいるかもしれませんし、そのほかの事情なども考慮されて、結局、解除をみとめられないということもありうるからです。したがって、絶対に解除したいわけではない場合、あるいは万全を期して解除したいというような場合には、上に掲げた書式のようなやり方をしたほうがよいでしょう。

　ちなみに、もっとすすんで、解除の通知さえも必要ないとしている特約もあります。つまり、たとえば３か月分以上たまったときは、催促ばかりか解除の通知もなしに、契約は自動的に解除されたことにするというものです。

　このような特約によるときは、いつ解除されたのかはっきりしないということもありますし、自動的に解除というのでは、借主の地位が不安

定であることにもなります。裁判になれば、そのような特約が無効とされる余地も大きいでしょう。

したがって貸主としては、このような特約がある場合でも、やはり解除の通知くらいは出しておくべきでしょう。

下の〔書式３〕は、催促なしに契約を解除する場合のものです。

【書式３】契約解除の通告

> 前略　貴殿に対し○○市○○番所在の土地を貸しておりますが、平成○○年○月分以降の賃料の支払いがなく、現在までに３か月分が滞納されております。よって貴殿との間の賃貸借契約第○条に規定にもとづき、上記賃貸借契約を解除致します。

４．延滞金および遅延損害金の請求 ・・・・・・・・・

支払い遅延の場合に、その延滞した賃料を支払うのは同然ですが、賃貸人が遅延損害金を請求できるかという問題があります。このことに関しては、遅延損害金についての特約があれば請求できます。ただしあまりにも高率である場合には、特約そのものが無効となります。消費者契約法では、年14.6％を超える部分を無効としています。

※月々の支払いについては、家賃のほか共益費・管理費があります。

◆地代家賃（まとめ）

	地代家賃の契約等	問題点
地代	契約⇒土地の賃貸借 賃料⇒契約による 相場⇒近隣の地代	・賃料が近隣の借地と比較して不相当となった場合には、増減額の請求ができる。 ・賃料の滞納が続けば、契約解除ができる
家賃	契約⇒建物の賃貸借 賃料⇒契約による 相場⇒近隣の家賃	・賃料が近隣の借家と比較して不相当となった場合には、増減額の請求ができる。 ・賃料の滞納が続けば、契約除ができる

第2章

権利金の 法律問題と 紛争の解決事例

※権利金は、借地契約や借家契約に際して、権利設定（借地権・借家権）の対価等として支払われます。都会の商業地の場所的利益の対価として支払われたのがはじめとされています。

- 権利金とは何か・その実状は ……… 42
- 契約するときの権利金の問題点 ……… 46
- 契約の継続中に起きる権利金の紛争 … 52
- 権利金をめぐる紛争 ………………… 59

1 権利金とは何か・その実状は

権利金は契約の際に、場所的利益の対価、あるいは賃料の前払いとして借主が支払うものである。

１．権利金とは何か

　土地や建物の貸し借りが行なわれる場合には、賃料のほかにもいろいろな名目で一時金が支払われるのがふつうです。その名目としては、権利金、礼金、敷金、保証金、建設協力金などをあげることができます。そして権利金は、そのなかでも比較的なじみ深いほうでしょう。

　権利金は、賃貸借契約が結ばれるときに、場所的な利益の対価として、あるいは賃料の前払いとして借主から貸主に支払われるものです。敷金などとちがって権利金は、契約が終わっても、原則として貸主が借主に返す必要はありません（ただし返す必要がある場合もあり、それについてはつぎの項目で説明します）。

　権利金は、つねに払わなければならないというものではありません。それを支払う必要があるかどうかは、契約の決め方しだいです。貸主の方の位置が強ければ、払わせるように契約するでしょうし、逆に借主の方の立場が強ければ、払わないように契約するでしょう。

　いちがいにはいえませんが、借地契約や、営業用建物の賃貸借の場合には、権利金が支払われることが多く、居住用建物の賃貸借の場合には、それが少ないようです。借地契約の場合には、土地を半永久的に返してもらえないことのみかえりでしょうし、営業用建物の場合には、営業権などの価値が大きいことのみかえりというわけでしょう。

　権利金の額は、賃料の10倍以下の小さな額であることもあり、あるいは土地・建物の価額の５割から９割ぐらいまでの大きな額であること

第2章　権利金の法律問題と紛争の解決事例

も、少なくありません。その額を算出する基準がないわけではありませんが、最終的には貸主・借主間での話し合いできまることになります。

2．礼金とのちがい

権利金とにたものに「礼金」とよばれるものがあります。これは、借主が貸主に対して、貸してくれたことのお礼にような意味で払うものです。

★それぞれの意味をよく考えて

もちろん契約が終わっても、貸主は返す必要はありません。権利金のほうは、あとの項目でのべるように、場合によっては返さなければならないこともあるので、この点で権利金と礼金はちがうわけです。

礼金の額は、礼儀的なものですから、それほど大きくはありません。東京などでは、家賃の1〜2か月分くらいが、ふつうのようです。

3．造作権利金

店舗を居抜きで借りる場合に、造作権利金という名目のお金を取られる事例があるようです。名前のとおり、店の造作その他の諸設備についてのもので、これらを一括して評価し、その金額がきめられるのがふつうです。このお金を支払う相手は、家主であることもあり、前の借主であることもあります。いずれにせよ、造作についての権利を持っている人に支払うわけです。そしてこのお金で支払えば、その権利が移転するという「慣行」になっているようです。

なぜこのような慣行ができたのかは、わかりませんが、あとの項目でのべる造作買取請求権（182頁参照）と関係がありそうです。造作買取請求権というのは、借主が家主の許可を得て建物に取り付けた造作を、契

43

約終了時に家主に買い取ってもらう権利のことですが、この権利が変化したものではないかと思われます。つまり、家主に買い取ってもらうかわりに新しい借主に買い取ってもらうとか、いったん家主が買い取ったうえで新しい借主に売りつけるとかいう形で、この慣行ができたというわけです。

　この造作権利金は、この項目でのべる権利金とはまったく別のもので、むしろ売買代金の一部分といったほうが近いでしょう。家主を抜きにして授受されることがあるのも、そのためです。ただし、権利金が後でのべる譲渡権利付きの賃借権の対価として支払われる場合には、その一部に含まれるものといえる——といえましょう。

　ここで紹介する事例は、礼金であるか権利金であるかが争われ、権利金であるとみとめられて、家主がその一部の返還を命じられたものです。

╾╾ 紛争ケース1 ╼╼ 礼金か権利金か

　Ａさんは、Ｂさんから店舗を借りて喫茶店をはじめました。賃料は月８万円、「契約金」が100万円で、期間は５年という契約でした。

　ところが、開店してはみたものの、店はいっこうにはやりません。半年ほどたって、とうとう見切りをつけたＡさんは、Ｂさんと話し合いのうえ契約を解約して、店をたたんでしまいました。

　さて、ここで問題になったのが、例の「契約金」です。もしそれが権利金であるならば、このような短期間で契約が終わった場合には、残りの期間に相当する分を返さなければならないからです。Ａさんは「権利金の意味で渡したものだ」といい、Ｂさんは「礼金としてもらったものだ」といって、双方ともゆずりません。

　裁判をした結果、Ａさんの言い分がみとめられて、Ｂさんに対し、100万円の一部の60万円余円の返還を命じられました。その理由は、

　①　この金が礼金と称して授受されたか権利金と称して授受されたかの名称の点は、重要ではない。どうよばれたかではなしに、実質にした

44

　　　　　　　　　　　　　　第2章　権利金の法律問題と紛争の解決事例

がって判断するべき問題である。

　②　本件では、8万円という家賃の額からして、その10倍以上もの100万円という金額が授受されている。このような大金を、お礼の意味や感謝のしるしとして贈呈したとは、とても考えられない。

　③　本件店舗が交通の便利な場所にあったことなどからみて、この100万円は、「場所的な利益の対価」であると考えられ、要するに権利金であるとみとめられる。

　④　そうであるとすると、借主であるAは、場所的な利益を使い切っていない。したがって、BはAに対し、その一部を返還するべきである。──というものでした。

　要するに、名目よりも実質を重視するべきである、実質的に考えれば礼金とは考えられない、というわけです。

　貸主としては、このようなトラブルをさけるために、契約書に下の〔書式4〕のような条項を入れておいた方がよいでしょう。内容をよく検討してください。

【書式4】権利金に関する条項の例

> 　第□条　本権利金は、本賃貸借契約が3年以内に終了した場合には、その60パーセントを、5年以内に終了した場合は、その40パーセントを貸主より借主に返還するものとし、5年を超えた場合、貸主は権利金の返還義務を負わないものとする。なお、契約の終了原因は貸主、借主の責に帰すべき事由による場合においても、その原因は問わないものとする。

　　　　　　　　　　　　　（野口恵三著「判例に学ぶビル賃貸借」166頁より引用）

45

2 契約するときの権利金の問題点

> 権利金の性質（内容）を明らかにしておかないと、後で返還するか否かをめぐって争いとなる場合がある。

1．権利金問答①　後でもめたときのことを考える ・・・

質問　権利金といったことばは、一般の人も気軽に使っているようですが、これはどんな点が問題となるでしょうか。

●**権利金のいろいろな意味**　そうですね。敷金などとならんで、法律用語としては、比較的なじみのあることばですので、安易に使われすぎているようです。しかし、権利金ということばを使うこと自体は別に問題ではありません。それでは、ここで、権利金のどんな点が問題となるのかを考えてみます。

問題となるのは、権利金にもいろいろな種類があるのに、そのことを意識しないで、一様に同じことばを使っているという点です。

つまり、いろいろな種類があるのに、権利金という一つのことばでよんだのでは、区別がつかなくなってしまうわけです。よく、それがどのような種類にあたるものなのかは、考えてみればわかるのではないか、という人がいますが、残念ながら、そう簡単ではありません。

それは、法律用語の場合には、利害がからむからです。それに、契約を結ぶときには、予期していなかったことが、後で問題になることも多いのです。たとえば、契約が途中で終わってしまうことなどは、ふつう考えていないわけです。

具体例としては、借家が火災で焼失してしまう場合など、その典型です。

ふつうの契約書では、そこまで考えて条項がきめられてはおりません。

そこで、では権利金はどうしようか、というようなことが、問題になってしまうのです。

質問 つまり、その時になって、「あれは礼金だ」「いや場所的な利益の対価としての権利金だ」というような問題になるのですね。

●**後で紛争のタネになる** そうです。そのようなことで、後になってから裁判で争われることになるのです。

★よく話し合ったうえで……

それで契約書をつくるときに、「この権利金はこれこれの種類のものです」というように、はじめから明らかにしておけば、問題は起きないと考えがちですが、最終的に「礼金」なのか「場所的な利益の対価」としての権利金なのかは裁判によって確定されるものです。

だからそのようなことを記すよりも、具体的に「……の場合には権利金のうち半分を返す。……の場合には返さない」というようにきめたほうがよいでしょう。

質問 ということは、結局、素人にもわかりやすいことばで条項を作ったほうがよいわけですね。

●**問題を残さぬ契約条項** そのとおりです。そのように素人同士わかることばで話し合ったうえで、話し合った結果を条項にするのです。たとえば、〔紛争ケース①〕のあとにある〔書式４〕（45頁参照）のようにです。もちろん、そのようにしておけば、問題は起きないというわけではありません。あらゆる紛争を想定して、それに備えるというのは、とても無理な話です。いいかえると、法律の専門家同士がつくる契約書でさえ、後で問題が起きることもないではありません。つまり、素人同士が

47

つくるのでは、内容的に限界があるわけです。

しかし、権利金についての条項をもりこむのは、決して無意味ではありません。いろいろなケースを想定してください。それをしたうえで、契約書をつくれば、起こるべき紛争のかなりは防止できるでしょう。

２．権利金問答②　自分に有利な条項を無理なく入れる

質問　契約書に権利金についての条項をきちんと入れてさえおけば、問題は起きませんか。

●納得した上で文書にする　そうとはかぎりません。一方がえんりょしたり、あるいはむりに説き伏せたりして条項を入れたとしても、あとで裁判になれば、本音が出ます。その時になって「そのようなつもりで書いたのではない」といい出せば、やはり問題になってしまいます。

そのためにも、双方話し合いのうえ、納得した文書内容でなければならないのです。

それから、契約書をつくるときには、自分の側に有利な条項を入れるようにつとめるべきです。この場合、自分の側だけに有利な条項を入れるというのは、相手に気の毒なのではないか、との考えも出ましょうが、これは考えかたの違いです。相手の方でもやはり、自分に有利な条項を入れようとしているのです。つまりお互いさまといったところです。もともと人間は、無意識のうちにも、自分本位に考えがちです。また、そうでなくても自分に有利な条項を入れたくなるというのが人情です。だからある意味では、"遠慮は損"ということになります。

この意味合いは、よく「借りた金は忘れるが、貸した金はおぼえている」という人がいますが、それと同じです。

でも、世の中には人の好い人間もいないではありません。逆に借りた金は必ず返すけれども、貸した金のことは忘れるような人もいます。そのような人が相手のときは、あまり自分の立場だけ主張するのは、考えものと思われるかも知れません。しかし、借地や借家というものは、長い期間にわたって続くのがふつうです。親子何代にもわたって続くこと

第2章　権利金の法律問題と紛争の解決事例

も、少なくありません。いま契約する相手はよくても、その子供もそうであるとはかぎりません。つまり、将来、代が変わった時のことも考えなければならないのです。

質問　となると、やはり自分の言い分は通しておいたほうが有利な立場を保つことになるわけですね。

●**イザとなったとき譲歩すればよい**　よくあることですが、お父さんは仏さまのような人でも、その息子は始末におえない人間であるとします。そのような息子を相手にするときには、やはりこちら側に有利な条項がものをいうのです。もちろん、自分に有利な条項を入れるとはいっても、だましたりおどしたりしてそうするのではありません。そんなことをしては、後で裁判になったりしたときなどには、かえって不利になってしまいます。前にも述べたように、あくまで話し合いのうえで、納得づくで、そのような条項を入れるのです。それに、イザ問題が起きて、その条項どおりにやったのでは相手がかわいそうだと思えるのでしたら、そのときになってからその分を譲歩してあげればよいのです。

3．権利金問答③　契約書を作るときの注意 ・・・・・・・

質問　土地家屋を貸すことにしたのですが、素人なので、どのようにして契約書をつくればよいのか、わかりませんので教えてください。

●**日常の話しことばでも充分**　むずかしく考える必要はありません。前にもお話したとおり、素人でもわかる文章で条項を並べればよいのです。つまり口語体でもかまいません。

　無理に法律用語を使って難しく書くのが契約書だと思っている人もいるようですが、これが誤解のもととなることもあります。要は、契約内容を分かりやすく双方に誤解のないものとすることです。

　さらに文具店などには市販の契約書がありますが、これを使うのも、ふつうの場合でしたらかまいません。この場合には、洋服でいえば既製服のようなものができ上がるわけです。

49

質問 こみいった事情がある場合に、注文服、オーダーメイドというのでしょうか、そのような契約書をつくることは、私たちではできませんでしょうか。

●**特注の契約書は素人では無理** ひとくちでいえば、むりでしょうね。契約書を一からつくるには、賃貸借契約についての専門知識が要求されます。それなしにつくるというのは、いってみれば「生兵法は大けがのもと」になりかねません。そのような場合には、弁護士につくってもらった方がよいでしょう。

その場合心配なのは費用ですが、弁護士報酬は、書類の作成は一件あたりおおむね5万円ないし10万円以上となっています。もっとも具体的な事情により、だいぶちがってきます。知り合いの弁護士さんに費用についてのご相談をされたらよいでしょう。

質問 専門家に契約書をつくってもらえば、後でもめることは絶対にありませんか。

●**完璧は無理** 絶対にもめないようなものをつくるのは、専門家であっても無理な話です。もっとも相手方にも有利につくってあげれば、少なくとも相手方から文句が出ることはないでしょう。しかし、依頼者に有利な契約書をつくるのでなければ、弁護士は必要ありません。だから、ときには、後でもめることを覚悟して契約書をつくることさえあります。そのへんのかねあいは、あらかじめ弁護士に相談すればよいでしょう。

質問 そうしますと、はじめに弁護士とよほど綿密な打ち合せをしなければならないわけですね。

●**契約書の内容を充分に検討する** そうです。もめてもかまわないのか、そうでないのか、といったようなことは、弁護士にくわしく話して、希望する内容のものをつくってもらうことですね。

そのほかに注意することを2、3、述べておきましょう。

よくあることですが、契約書に書いてある以上、後になって「そんな条項は読んでいなかった」とか「そのようなつもりで契約したのではない」とかいっても、まずとおりません。よく契約書を読み、疑問のある

50

第2章　権利金の法律問題と紛争の解決事例

点は十分にただし、納得したうえで契約書に署名するべきでしょう。

　注意すべきは、自分が希望することを、契約条項に書き入れさえすれば、必ずそのとおりになると思っている人がいることです。

　ベニスの商人の話ではありませんが、裁判になれば、必ずしもすべて契約書どおりになるとはかぎりません。つまり、記入した条項が「無効」とされることも少なくないのです。たとえば、当事者のどちらか一方に、いちじるしく不利益となるような特約は、無効とされる傾向にあります。

　また、未成年者や被後見人などを相手に契約書を作っても、あとで取り消されることがあります。このような場合には、法定代理人（未成年者の場合には親権者、被後見人の場合には後見人）の同意を得ておくべきです。

　さいごに、相手方が代理人を立てて契約する場合について簡単にのべておきましょう。このような場合には、その代理人が正当に選ばれた者かどうかをよく調査する必要があります。後になってその代理人が無権限であったことが判明することがあるからです。このように権限のない自称代理人を「無権代理人」といい、このような場合は契約は無効となってしまいます。ただし、場合によっては有効となることもあります。

　それは、その代理人が正当に選ばれた者かどうかを十分に調査した場合です。たとえば実印に印鑑証明書を添付させたうえ、相手方本人に電話をかけて確認するようなことがこれにあたります。こうしておけば、万一あとになって「実は代理人に選んでいなかった」といわれても、心配する必要はありません。表見代理といって契約は有効になるのです。

用語解説　　**重要事項説明**

　重要事項説明は、宅地建物取引では権利関係や取引条件が複雑でわかりづらいことから、不動産業者（宅地建物取引業主任者）に一定の重要事項（宅地建物取引業法35条）ついて書面を交付して説明する義務を課したものです。この説明は業者が仲介する賃借の場合も必要で、①当該土地建物の登記された種類および内容、所有者の氏名、②借賃および借賃以外の費用、③違約金に関する条項などです。この義務に違反すると、仲介業者は、業務停止処分・免許取消処分の対象となります。

3 契約の継続中に起きる権利金の紛争
──譲渡・転貸の可否など──

> 権利金の授受があっても、譲渡権利つきの場合を除いて、借主は貸主の承諾なしに譲渡できない。

1．無断譲渡・転貸の禁止 ・・・・・・・・・・・・・・・

　借地、借家、いずれの場合も、借主は勝手に賃借権を他人に譲り渡したり、転貸（又貸し）したりすることはできません。貸主と借主との間には、信頼関係が要求されるからです。

　一例をあげれば、まじめな人だと思って貸したところが、いつの間にか借主が暴力団員に変わっていたというのでは、貸主もこまってしまいます。

　賃借権を他人に譲渡し、または転貸するには、前もって「貸主の承諾」をもらわなければなりません。それをもらわずに、貸主に無断でこれらのことをしますと、場合によっては、貸主から契約を解約されるおそれがあります。

　もっとも借地の場合には、後の項目でのべる「借地非訟手続き」という制度がもうけられています。これは、地主が承諾しない場合に、裁判所に申し立てて、「地主の承諾に代わる（裁判所の）許可」を求めるものです（くわしくは198頁以下を参照してください）。

　しかしながら、借家の場合には、このような制限がありません。借地の場合とくらべて、貸主・借主間に、より深い信頼関係が要求されるからでしょう。したがって、家主が反対しているかぎり、借家人としては、借家権を譲渡したり、転貸することはできません。これが原則です。

52

２．譲渡権利付きの場合

　ところが、借地にしろ借家にしろ、例外はあります。すなわち、貸主の承諾なしに、譲渡・転貸が自由にできる場合があるのです。どういうことかといいますと、契約でそのようにきめられているというわけです。

　契約で、自由に譲渡・転貸できるときめられている場合には、比較的多額の「権利金」が受け渡されているのがふつうです。借主としては、あたかも自分の土地や建物のように、借りている土地や建物を自由に処分できます。また借地上の建物にしろ、店舗の造作や諸設備にしろ、そういったものといっしょに他人に譲り渡すこともできます。いわば、自由に投下資本を回収できるのですから、多額の権利金を出すだけの価値は、十分にあるでしょう。

　このような、借主が自由に譲渡することができる賃借権は「譲渡権利付き」とよばれることもあります。

　なお、譲渡だけをみとめるとか、転貸だけをみとめるとかいうようにとりきめをすることもできます。また、いったん契約を結んだ後で、途中からこのようなとりきめをすることも、さしつかえありません。要するに、貸主と借主との話し合いしだいで、どのようにとりきめをしようと、それは自由なのです。

３．権利金と譲渡権利

　ところで権利金は、このようなとりきめをするのに、不可欠というわけではありません。いいかえれば、権利金の受け渡しがない場合であっても、自由に譲渡できるような契約をすることもさしつかえありません。（もっとも、よほど人のよい貸主でないかぎり、権利金なしでそのような契約を結ぶことはないでしょう）。一方、多額の権利金が支払われていれば、契約書に「自由に譲渡できる」などの条項が入っていなくても、その実質をみて、譲渡権利付きとみとめられることもあります。結局、権利金は譲渡権利付きであるかどうかの、重要な目やすということになります。

紛争ケース② 自由に譲渡できる事例

　大手の商事会社を定年退職したＡさんは、Ｂさんから都心に近い住宅街のなかの土地を借りました。権利金は、その土地の価額の９割くらいです。こんなに高い権利金を払うくらいなら、むしろ買った方がよいようなものですが、その理由は税金対策にあります。

　土地を売ると代金が入りますが、これは譲渡所得になります。それに対する税金は、ばかになりません。ところが、土地を賃貸する場合には、権利金や地代は譲渡所得にはなりません。不動産所得ということになるのです（もっとも、権利金の額が土地の価額の２分の１を超えたときは、その超えた部分は譲渡所得として課税されます）。

　譲渡所得と不動産所得とでは、ケースにもよりますが一般的には、譲渡所得のほうが税率が高くなります。そこでＢさんは、このことに目をつけ、Ａさんに対して「売る形」はとらず、「貸す形」にしたのです。そのためＢさんは「貸すとはいっても権利金をたくさんもらっているし、自分の土地と同じに思っていいんですよ」とＡさんに説明していました。

　この賃貸借契約の期間は60年、契約の目的は鉄筋コンクリート造りのビルの所有というものです。Ａさんは、ここに４階建のマンションを立てて入居者を集め、その家賃収入で生活するつもりでいました。賃貸マンションのオーナー兼管理人になろうというわけです。

　ところが、管理人という仕事も、実際にはじめてみると、楽ではありません。家賃をもらってさえいればよいというわけではなく、あちこち故障するたびにその修繕をたのまれます。工事業者への依頼、見積り、打ち合せなど、けっこう労力のかかるものです。また、なかにはタチの悪い入居者もおり、なんだかんだとなんくせをつけては、それを理由に家賃を払わないしまつです。

　これでは、初老のうえ、病弱であるＡさんには、とてもつとまりません。考えたすえ、いっそのこと、このマンションと敷地の借地権を知人に売ることにしました。その代金を安定した株式に投資して、配当金収

第2章　権利金の法律問題と紛争の解決事例

入で余生を暮らそうというわけです。

　ところが、このことを知った地主のBさんは、借地権を譲渡するなら、承諾料を払ってほしいといってきました。「自分の土地と同じに使ってよいとはいったが、他人に売ってよいとはいっていない。売るならば相場なみの承諾料を払ってほしい」というわけです。

　この申し入れは、Aさんにとって心外でした。権利金を払っていないのならともかく、地価にほぼ近いほどのものを払っているのです。だから「この借地権をだれに売ろうが、勝手でしょう」と反論しました。

　とはいっても、Bさんの承諾なしに売ってしまって、あとから契約違反を理由に解約されたのでは、元も子もありません。それが裁判でみとめられでもしたならば、Aさんはマンションをこわして、土地を明け渡さなければならないのです。このような場合、Aさんとしては、

　①　裁判所に申し立てて、地主の承諾に代わる許可を出してもらう（この手続きを借地非訟といいますが、これは198頁以下で説明します）。

　②　同じく裁判所に申し立てて、承諾なしに自由に譲渡・転貸できるとのお墨つきをもらう（これは確認請求権という裁判で、ふつうの訴訟手続きでやります）。

　③　Bさんのいうことは無視して、勝手に借地権を売ってしまう。

　──の3つの方法があります。

　①の方法をとることは、Aさんの借地権が、譲渡権利付きのものでないことを、自分でみとめたことになってしまいます。かりにその申し立てがみとめられたとしても、おそらく裁判所からは、一定額のお金の支払いを命じられてしまうでしょう。これでは、事実上Bさんの言い分を無条件でみとめたのと変わりありません。

　一方③の方法は、少々強引すぎるでしょう。Bさんの側から契約の解除を理由として明渡しの裁判を起こされて、それに負ける危険もないとはいえないからです。

　結局Aさんは、②の方法をとりました。すなわち「この借地権は自由に譲渡・転貸できるものであることを確認する」という訴訟を起こした

55

のです（同じことを調停という比較的おだやかな手続きで行なうことができることについては、208頁以下を参照してください）。

訴訟の結果は、Aさんの言い分がみとめられました。Aさんは、Bさんに遠慮しないで自由に借地権を譲渡・転貸してもよい、との判決が出たのです。

その理由は、

①　この土地がある場所は、とくにそれに対して「場所的な利益の対価」としての権利金を払うほどよいものではない。

②　この土地の地代は、とくに安いわけではない。したがって、権利金が「賃料の前払い」として払われたものとは考えられない。

③　それにもかかわらず、このように多額の権利金が払われたのは、借地人が自由に借地権を譲渡・転貸することができるなど、借地人に強い権利があたえられたことのみかえりであると考えられる。すなわち、その借地権は、権利設定の対価として支払われたものである──。

このようにして、Aさんは、裁判所のお墨つきをもらったうえ、マンションとその敷地の借地権を知人に処分することができました。

4．賃貸借終了後の返還の要否 ・・・・・・・・・・・・・・・

ところで、このように譲渡・転貸できる場合には、契約が途中で終わったときに権利金を返す必要があるでしょうか。前にのべた「場所的な利益の対価」の場合や「前払いされた賃料」の場合には、その一部を返さなければならないとされていました。

結論をのべれば、貸主はこのような場合には、権利金を返す必要はありません。

というのは、借主は、借主としての権利をいつでも他人に譲渡したり転貸したりすることができるからです。つまりそのようにすれば、投下した資本を回収できますので、返してもらう必要もない、ということになるわけです。

第2章　権利金の法律問題と紛争の解決事例

5．無断譲渡・転貸と契約の解約 ・・・・・・・・・・・

　ついでに、ここで無断譲渡・転貸と解約の関係についてふれておきましょう。つまり、どのような事情があれば解約ができるかといった問題です。

　まず、貸主が死亡して、その妻や子、あるいは甥、姪などが相続人として借主になった場合──このような場合には相続であって、もともと譲渡ということにはなりません。相続人が借主としての地位を引きつぐのは、あたりまえのことだからです。もちろん貸主の承諾も必要ありません。

　これに反して、借主が生きているうちに譲渡するのは、問題があります。相手が夫婦、親子、兄弟などの近親者であったとしても「譲渡」にはちがいないからです。

　もっとも、裁判例では、このように相手が近親者のときは、寛大な傾向にあります。つまり、契約を解約されるほどの悪いことではないとしているのです。ただし、近親者とはいっても、人間的・人格的に問題がある人であるときは、解約されることもあります。また兄弟ともなると、より他人に近くなりますので、夫婦や親子よりも解約されるおそれが大きいでしょう。

　それでは、借家に近親者を同居させる場合は、どうなるでしょうか。一部屋を与えるとなると、借家の一部を転貸（又貸し）することになります。この場合でも、同居者が人間的に問題のない人でしたら、解約されるほどのことはないでしょう。

　以上とは異なり、全くの他人に譲渡したり、転貸するには、必ず貸主の承諾が必要です。それがないときは、契約を解除されるおそれが大きいでしょう。

　それでは借主が個人だったところが、会社などの法人を設立し、その法人が使う場合には、どうなるでしょうか。法人とはいっても、名前だけの小規模なものなら、比較的問題はないといえましょう。その実体は代表者個人が使うのと変わらないからです。これに反して、大規模の法

57

人であるとか、代表者がもとの借主以外の人であるような場合には、解約される理由になってしまいます。

　ちなみに借地契約の場合、借地上の建物を譲渡することは、借地権付きで譲渡したことになります。借地権なしで建物だけ譲渡しても、無意味だからです。したがって地主の承諾なしにこれをすると、解約の理由となります。

　なお、借地上の建物を貸家として貸す分には、借地権の譲渡、転貸のいずれにもあたらず、問題はありません。

　もちろん、いくつかの問題を含んではいるのですが――。

6. 権利金と賃料値上げ

　前にのべた「賃料の前払い」として権利金が差し入れられている場合についての問題です。このような場合に、賃料を値上げすることができるかということについて、ここでふれておきましょう。

　このような場合には、少なくとも契約で予定された期間内は、原則として賃料を値上げすることはできません。一定期間内の賃料を前払いしているからには、その期間中は、はじめの賃料でいこうと考えるのがふつうだからです。もっとも、その期間が長い場合には、物価などが大きくちがってきて貸主に不満が出てくることもあるでしょう。

　いずれにせよ、そのような点もふくめて、契約をする時にきめておいた方がよいことはもちろんです。こんなときのため、〔書式5〕のような条項（あるいは特約）を入れておいたらどうでしょうか。

【書式5】賃料の変更予定条項の例

> 　第□条　上記賃料は、いちじるしい経済変動がおきた場合には、契約期間内といえども双方で話し合い、その額の変更を認めるものとする。

　こうしておけば、少なくとも貸主側としては賃料値上げの機会があるといえましょう。なお、まれでしょうが、借主としても、その逆（値下げ）のことがいえることもあります。

第2章　権利金の法律問題と紛争の解決事例

4 権利金をめぐる紛争

権利金の紛争は、その性質（内容）がどのようなものかによって解決が異なる。

1．はっきりしない権利金の性質

　前に掲げた〔紛争ケース①〕（44頁）は、権利金か礼金かが、はっきりしていなかった事例でした。ところが、権利金であることがはっきりしている事例でも、紛争が起こることが少なくありません。これは権利金じたいの性質が、はっきりしないことからきています。

2．賃貸借終了後の返還の要否

　権利金をめぐる紛争の主なものは、賃貸借が終了した時に起こります。この時点で借主が権利金の返還を求め、貸主がこれを拒否するといったケースです。

　もっとも、長い期間が定められた賃貸借が、予定されていた期間を使い切って終わったという場合には、それほど問題はありません。このような場合には、借主も投下資本を回収し終わっています。あえて「権利金を返せ」とはいわないでしょう。

　問題の多くは、賃貸借が予想外の早い時期に終わってしまった場合に起こります。〔紛争ケース①〕のような、わずか半年後に終わった事例は、その典型です。この場合には、契約できめられた期間さえ、使い切っていないのです。

　なお、一応は、契約できめられた期間を使い切ったという場合にも、この種の問題が起きないとはかぎりません。そのきめられた期間が、1年とか2年などのように短い場合がそれです。というのは、このような

59

場合、一応は期間が満了するとしても、ふつうは何度も更新されて、結局は長い期間の賃貸借になることが多いからです。借主としては、そのように続けることを予想しているでしょう。それが、更新もされないで短い期間で終わってしまったのでは、投下資本の回収もままなりません。このようなことから、借主が「権利金を返せ」と要求することになるわけです。

3．権利金の性質 ・・・・・・・・・・・・・・・・・・・・・・

ここでまた、権利金の性質ということについて、考えてみましょう。〔紛争ケース①〕では、「場所的利益の対価」だとの理由で、100万円が権利金であるとみとめられました。ところが、権利金の性質は、これ一つだけではありません。「場所的利益」のほかにも、「前払いされた賃料」だとか「権利設定の対価」などの性質もあると考えられているのです。

聞きなれない法律用語が出てきたと思われるかもしれませんが、ここでは、これらのことばを理解する必要はありません。

以下にいくつかのケースを掲げますが、それらのケースを読めば、自然に理解できると思います。

紛争ケース③ 賃料の前払いとして権利金が支払われた事例

大学に入って地方から上京したＡさんは、Ｂさんのアパートの一室を借りることになりました。期間は、Ａさんが大学を出るまでの４年間です。もちろん家賃などのお金を出すのは、Ａさんの両親ですし、Ａさんは未成年でもありますので、Ｂさんとの間の賃貸借契約は、Ａさんの両親が、Ａさんに代わって結びました。

さて、家賃をいくらにきめるかということになり、Ａさんの両親は考えました。その家賃を息子のＡさんを通じて払うとなると、Ａさんが遊ぶ金につかってしまうおそれがあります。かといって、自分たちが代わって払ってやるのでは、Ａさんの独立心が育ちません。

第2章　権利金の法律問題と紛争の解決事例

そこでBさんの話し合いの結果、権利金として4年間の期間分の家賃の半額を、あらかじめBさんに払うことになりました。家賃は1か月6万円ですので、その4年分288万円の半額は144万円になりますが、その間の利息を差し引くなどして、110万円を権利金とすることになったのです。このようにして、契約成立の運びとなりました。

★こんなことになろうとは……

この結果、Aさんは、毎月6万円の家賃のうち半分の3万円をBさんに払うことになりました。これならば、万一Aさんが家賃を滞納したとしても、たいした金額にはなりません。Aさんの両親としても、安心です。

ところが、それから2年たった時に、このアパートが、隣の家からのもらい火で焼けてしまいました。もちろん、Aさんはここに住むことはできませんから、Bさんとの間の賃貸借契約も、自動的に終わってしまいます。

それでは、例の権利金110万円は、どうなるでしょうか。Aさんとしては、「アパートに住めない以上、今後2年間の家賃は払う必要はない。それなのにすでに、その2年間分の家賃の半額は前払いしてある。だからその分、つまり110万円の半分、55万円は返してもらいたい」と考えてBさんにそのようにいいました。

一方、Bさんの方では、「アパートが焼けたのは、自分の責任ではない。また、そもそも権利金は返さなくてもよいものだと聞いている」といって、返してくれそうにありません。

このような事例では、双方とも被害者なのですから、話し合いのうえ、ほどほどの金額をAさんに返すというのが常識的なところでしょう。し

かし、話し合いが、まとまらないこともあります。そのため、裁判になったら、どのような結論になるのでしょうか。

　結論をのべれば、Ａさんの言い分が正しいのです。その理由は、Ａさんのいうとおりです。付け加えるならば、Ａさん（の両親）がその権利金を出したのは、Ｂさんとの間の契約が、４年間続くことが前提となっていたのです。つまり、はじめから契約が２年で終わることがわかっていたならば、その半分しか出していなかったはずなのです。

　一方、Ｂさんとしても、考えは同じです。「４年分」の家賃の半額を先取りしていたわけですから残りの２年分については、もらいすぎということになっています。これを返すのは、当たり前ということになるでしょう。

　このケースでは、権利金が「賃料の一部の前払い」として払われています。最近では、このようなケースは、多くないかもしれません。ところが、もともとは、権利金の多くは、このような趣旨で払われたのです。

４．造作権利金をめぐる紛争 ・・・・・・・・・・・・・・・

　造作権利金については前に述べましたが、これが借主同士の間で授受されるときは、家主との間でトラブルが生じるおそれがあることに注意する必要があります。というのは、造作についての権利が移転するからには、賃借権も移転するということになるのでしょうが、それには家主の承諾が必要だからです。その承諾もなしに、勝手に賃借権を譲渡したのでは、賃貸借契約を解約されても仕方がないのです。そして契約が解除されると、勝手に売った前の賃借人の権利はもちろん、知らずにそれを買った後の人の権利までが消滅してしまうのです。

紛争ケース４ 造作権利付きの賃借権を譲渡した事例

　Ａさんからビルの一室を借りて飲食店を経営しているＢさんは、Ａさんの承諾を得て、造作権利付きで賃借権をＣさんに譲渡しました。厨房

第２章　権利金の法律問題と紛争の解決事例

設備などの一切を含んだものなので、代金は２千万円にものぼりました。ここまでは、なんの問題もありません。ところが、買主のＣさんは３年ほど商売をした後に、今度は賃借権をＤさんに譲渡してしまったのです。もちろん造作も一緒で、代金は今度は３千万円でしたが、問題は今度の譲渡については、Ａさんの承諾をもらっていないことにあります。

　Ｃさんとしては「造作権利金を払ったのだからこれを誰に売ろうと勝手ではないか」と考えたのでしょう。でも造作を、例えば店から運び出して売るのは勝手ですが、造作付きで「賃借権」を売るとなると、話は違ってくるのです。というのはＡさんとしては、あらかじめＣさんという人を見て、その人柄なども判断したうえ「この人ならば貸してもよい」と判断したからこそ、Ｃさんへの譲渡を承諾したのです。それが顔を見たこともないＤさんが「今日から私が借りることになりました」などといってきては、困ってしまうのです（例えば堅気の人に貸したのにある日突然暴力団構成員が入居するというのでは困りますし、それほどでなくともいつのまにか知らない人が入っているというのは不安なものです）。

　そればかりではありません。何年かして譲渡が行なわれるという場合には、不動産が値上がりしているなど、売る方はなにがしかの利益を得るのが普通です。それをあえて承諾するというのですから、家主にもなにがしかの承諾料を支払うのがふつうなのです。それを無断で譲渡してしまったのでは、家主はこれを取りそびれてしまうでしょう。

　後でこのことを知ったＡさんは、Ｃさんに対し「契約を解除します」との通告をしたうえ、ＣさんとＤさんを相手にして訴訟を起こしてきました。Ｄさんにとっては気の毒なのですが、この訴訟はＡさんの勝訴に終わりました。Ａさんが、Ｄさんへの譲渡については承諾していなかったからです。

　このケースではＣさんが、前にのべた「譲渡権利付きの場合」と、この「造作権利金」とを混同したところに紛争の原因があります。すなわち権利金とは家主に支払われるべきもので、だからこそ家主に対する関係で、借主の権利が強いものとなるのです。ところがこの場合の造作権

63

利金なるものは、借主同士で授受されるものであって、本来の意味の権利金とは全く別のものなのです。したがってこの場合、CさんとDさんとの間では、Cさんの方に責任があることになります。そこでCさんは、例えばDさんがさらに設備投資をした分の費用や、Dさんの見込違いによる損害などのすべてを、Dさんに対して賠償しなければなりません。

５．更新拒絶や解約申込と権利金 ・・・・・・・・・

　後の項目で述べますが、宅地や建物についての賃貸借契約は、期限がきても借主が希望すれば更新されるのがふつうです。しかし例外的に、地主や家主の方でさし迫った必要性があり、一方借主の方ではその必要性がないという場合には、更新されないこともあります。このような場合には、貸主の側に更新を拒絶する「正当事由」があると判断されるからです。

　ところで、権利金が授受されている場合には、この正当事由はまず認められません。つまり例外的にさえ更新されないことはないといえるでしょう。というのは、権利金が支払われているからには、その賃借権は強いものとみなされるからです。ただしその金額が低い場合には、たとえ名目は「権利金」とされていたとしても、実質は礼金とみなされますので、そのようなことはありません。

≶紛争ケース⑤≷ 家賃を上げないとの特約が認められた事例

　都内で何軒かの日本そば屋を営むAさんは、30年ほど前にF駅周辺には一軒もおそば屋さんがないことを発見しました。この場所に新規開店をすれば繁盛するにちがいありません。そこで店舗を物色したのですが、便利な場所に限定すると、貸店舗・売店舗のいずれもまったく出物がありません。そこにあらわれたのがBさんで、自分のビルの1階を貸してくれるといってきたのですが、何と権利金が500万円もします。この500万円という金額は、現在では保証金としてさえ低いくらいですが、

64

30年も前では大変な金額でした。もしそのビルの1階を分譲で買うとしても、同じくらいの値段のはずです。Aさんは「これではいかにも高い」といいましたが、Bさんは「譲渡権利付きだし家賃を上げないことにしてもよい」というのです。おそらく〔紛争ケース②〕（54頁）のような事情があったのでしょう。Aさんはこれを承諾することとし、代わりに契約書の冒頭には「譲渡権利付」と大書してもらいました。また一方では、賃料についての項目で「但し公租・公課・諸物価の変動その他の事情により賃料は改定されるものとする」との部分に2本の線を引いて抹消させたうえ、その部分に「37字抹消」と書いて訂正印を押させたのです。なおこの契約書には共益費についての項目もあったのですが、こちらの方は建物や敷地に対する税金分が含まれています。この税金は年々上がるのが通常でしたから、この共益費についての改定条件には手をふれませんでした。かわりに「共益費」という言葉の下にカッコ書きで（公租・公課を含む）と挿入して、同様に訂正印を押しました。

その後25年の歳月がたち、Bさんも代がわりとなりました。そしてBさんの息子のCさんがAさんとの間の契約の家賃が25年間まったく上げられていないのを疑問に思ったのです。そこで、これを相場並の10倍にも上げる訴訟を起こしてきたのです。

このようなケースでは、Cさんの主張は認められません。前述の家賃の改定条項が抹消されたのは、賃料を上げないとの特約がされたものと考えることができますし、そのような特約も有効だからです。ただし、そのような特約があるものと解釈された理由は、所有権にも相当する程の高額の権利金が支払われていたからというものです。何十年間もの長期にわたって賃料を改定しないとの特約が、権利金の授受もなしに行なわれるということは、通常ではありえないからです。

6．借地契約と権利金

現在では、定期借地権の場合を除いて借地契約が締結されることは、ほとんどなくなりましたが、権利金を支払ってそれが締結されるという

例はあります。この場合その金額は、その土地の更地価格に借地権割合を掛けた額とされるのが普通です。なおここで「更地価格」というのは、借地権などの負担のない土地としての価格で、通常"時価"と呼ばれるものです。一方「借地権割合」というのは、更地価格の６割ないし８割程度とされるのが普通で、その目安としては所轄の税務署などに置いてある「路線価図」を参考にするとよいでしょう。そこに書いてある記号が「Ａ」ならば、借地権割合は９割、「Ｂ」なら８割、「Ｃ」ならば７割、「Ｄ」ならば６割ということになります。

紛争ケース⑥ 便利な場所の賃貸借

　Ａさんは本屋さんを開業することにし、店舗をＢさんから借りることになりました。この店舗は駅のすぐ前にあります。近くには、大きな会社や大学がたくさんあり、客の流れもよく、Ａさんにとっては申し分ありません。Ａさんばかりではなく、ほかにも借り手はたくさんあるとのことです。

　このような事情があるため、Ｂさんは契約を結ぶ際に、「権利金を払ってほしい」といってきました。借り手はいくらでもいるのにあえてＡさんに貸すのだから、そのみかえりがほしいというわけです。いいかえれば、店の建物を貸すだけではなく、それが便利な場所にあることとセットにして貸すのだから、家賃以外のプラス・アルファをよこせというわけでしょう。

　Ａさんはこの条件をのみました。その結果、家賃は月15万円、期間は５年、権利金は300万円ということで、契約がまとまりました。

　ところが、Ａさんが開業して１年もたたないうちに、Ａさんが病気で倒れてしまいました。その店は、Ａさんがほとんど一人でやっていたもので、ほかに適当な経営者はいません。このため店はたたむこととし、Ｂさんとの間の契約は、話し合いのすえ、解約ということになりました。

　それでは、このようなケースでは、Ａさんは、権利金の一部を返して

もらえるでしょうか。結論をのべれば、権利金300万円の５分の４、すなわち240万円は、返してもらうことができます。

その理由は、Ａさんは「便利な場所を５年間使えることのみかえり」として、権利金を払ったのに、実際にはそれを１年間しか使っていないからです。つまり残りの４年間分は、使わない以上、払う必要もなかったのです。

一方、Ｂさんの方としても、残りの４年間は、別の人に貸すこと

★あんな場所は一寸ないですよ

ができます。この人からも権利金をとることになるでしょうから、Ａさんから受け取っている権利金のうち、５分の４に相当する分は、二重取りということになってしまいます。これを返さなくてもよいという理由はありません。

７．場所的な利益の対価

このケースでは、賃貸借の物件がとくによい場所にあったことが、権利金が授受された理由となっています。いいかえれば、権利金が「場所的な利益の対価」として支払われたということになります。

実をいいますと、44頁の〔紛争ケース①〕もこのような事例でした。裁判所が「場所的な利益の対価」ということばを使ったのも、同じ理由です。

権利金が場所的な利益の対価として支払われた以上、借主がこれを使い切らないままに賃貸借が終了すれば、貸主は、その使い切られなかった部分に相当するものを借主に返さなくてはなりません。54頁の〔紛争ケース②〕で述べた「賃料の一部前払い」の場合とはことなりますが、

借主が予定していた期間を使い切っていないことが理由ともなっている点は共通です。

紛争ケース⑦ 長期間使い切った事例

前例66頁の〔紛争ケース⑥〕の事例を少し考えてみましょう。

〔紛争ケース⑥〕では、期間が5年間と定められていましたが、こんどは、とくに期間は定められなかったことにします。このような、期間の定めのない賃貸借契約も、めずらしくはありません。

また、〔紛争ケース⑥〕では、Aさんは1年もたたないうちに店をたたんでしまいましたが、こんどは12年間も契約が続いたことにします。このような場合には、Aさんは権利金の一部を返してもらえるでしょうか。

もうおわかりのことと思いますが、返してもらえない、というのが結論です。10年以上も営業していれば、場所的な利益も使い切っており、投資資本も回収できたであろうから、返還を求めることはできないというわけです。

なお、このケースでは、賃貸借が10年以上続きましたが、では2年9か月で終わったら、結論はどうなるでしょうか。同様にして、返還を求められないとした判例があります。

12年も使ったケースとくらべますと、わずか3年たらずしか使っていないこの事案では、借主に気の毒なような気もします。実は、両方とも最高裁の判例なのですが、期間の定めのない場合には、3年程度でも使い切ったことになるのでしょうか。

紛争ケース⑧ 賃貸借の期間が短いとき

もう一度、〔紛争ケース⑦〕の事例を少し考えてみます。〔紛争ケース⑥〕では、賃貸借の期間が5年ときめられていましたが、これが1年と

68

きめられていたとします。そして〔紛争ケース6〕と同じく、１年間で契約が終わったとしましょう。この場合には、Ａさんは権利金の一部を返してもらえるでしょうか。

このような場合には、〔紛争ケース6〕や〔紛争ケース7〕とくらべて、結論はそれほどはっきりしません。正直なところ、契約のほかの条項や、契約が結ばれた際のいろいろな事情をも考慮しないと、明らかな結論は出ません。

そうはいっても、Ａさんとしては、おそらく予想外のことではあったでしょう。前にも少しのべましたが、そのように短い期間がきめられたとしても、自動的に、または合意で更新されるというのがふつうだからです。賃料の20倍もの権利金を払っていることからみても、Ａさんはそのように契約が更新されることを前提として、その権利金を払ったと考えるのが自然でしょう。

以上のようなことを考えますと、いちがいにはいえないものの、Ａさんは権利金のうち一部分を返してもらえるといったところが、妥当な解決であるかもしれません。

なお、権利金は以上のようなケースのほかに、たとえば、のれん代、営業権の対価、借家権や造作の対価など、いろいろな名目で授受されております。

そのすべてについて実例を示すことはできません。しかし、その名目にとらわれず、権利金が交付されたときの事情やその理由について考えてみるべきです。

すなわち、

①　中途解約の場合などのように、借主の予想に反して短い期間で契約が終わった。

②　そのため借主は投下資本の回収ができない。

③　一方、貸主の側では、残りの期間は別の人に貸すなどして、さらに権利金をとることができた。

──このような事情があれば、借主は原則として権利金の一部の返還

を求められるということがいえるでしょう。

また、以上の事例とはことなり、「権利設定の対価」として権利金が交付されることもあります。

この場合には、賃貸借が途中で終了しても、原則としてその返還を求めることはできません。

◆権利金（まとめ）

	権利金の意味・金額等	備　考
土地の賃貸借	〔普通借地契約の権利金〕 意味⇒普通借地権設定の対価等 金額⇒契約による 相場⇒更地価格×借地権割合 〔定期借地契約の権利金〕 意味⇒定期借地権設定の対価等 金額⇒契約による 相場⇒なし ※一時金（敷金と違い返還されない）。ただし、不動産収入として課税れる。なお、保証金として授受される場合もあるが、これは預かり金となり、返還される（課税なし）。礼金として授受される場合もある。	・権利金の性質については、①賃料の前払い、②借地権設定の対価、③営業における地理的対価などとする考えがあり、必ずしも明確ではない。 ・普通借地契約においては、借地の購入との考えがあり、高額となる。ただし、新規の契約はほとんどない。 ・定期借地契約は、期間満了で契約は終了するので、権利金はの授受はないとする考えもあるが、現実には権利金（あるいは保証金）として授受が行われているケースもある。
建物の賃貸借	〔普通借家契約の権利金〕 意味⇒普通借地権設定の対価等 金額⇒契約による 相場⇒家賃の1〜2か月分 〔定期借家契約の権利金〕 意味⇒定期借家権設定の対価等 金額⇒契約による 相場⇒家賃の1〜2か月分 ※一時金（敷金と違い返還されない）。ただし、不動産収入として課税される。なお、保証金と授受される場合もあるが、これは預かり金となり返還される（課税なし）。	・権利金の性質については、①家賃の前払い、②借家権設定の対価、③営業における地理的対価などとする考えがあり、必ずしも明確でははない。 ・定期借家契約においては、権利金はなしとする考えもあるが、現実的には、契約により授受されているケースが多くある。 ・礼金として授受される場合もある。

第3章

敷金の法律問題と紛争の解決事例

※敷金は、借家契約などで、賃借人から賃貸人に交付される金銭
　で、未払い賃料などの債務が生じた場合の担保金です。

- 敷金とは何か・その実状は …………72
- 契約するときの敷金の問題 …………77
- 契約の継続中に起きる敷金の問題 ……82
- 敷金返還と原状回復費用 ………………89

1 敷金とは何か・その実状は

> 敷金は、賃料の支払いが滞ったなどのときに担保的機能をはたす。

1．敷金の意味

　敷金ということばは、われわれ素人にもなじみがありますが、その意味は正確に知っている人は少なく、これについて法律的に問題になる点もあります。

　とはいっても、権利金とくらべれば、敷金の意味は、たいへんはっきりしていますし、金額も少ないのがふつうです。しかし、最近はこの敷金をめぐってトラブルとなるケースが増えています。

　この敷金を法律的なことばでいい表しますと「債務不履行等が賃借人側にないことを返還の停止条件として金銭の所有権が賃借人に信託的に移転されるもの」ということになります。ここで"停止条件"というのは、たとえば「合格すれば時計をあげる」という約束の「合格すれば」の部分で、これが実現すれば契約の効力を発生させること（条件）をいいます。

　敷金は、法律的には前記のようになりますが、それほど深い意味はありません。要するに、借主が契約をきちんと守っていれば、契

★いろいろお世話になりました

約が終わった時に返ってくる——逆に賃料を払わなかったりすると、その分を差し引かれる、ということです。また、借りた建物を破損したなどの場合には、原状回復費用として、貸主は敷金からその費用を差し引くことができます。

2. 敷金問答① 敷金についての契約と相場 ・・・・・・・

質問 家屋の貸借などでは、敷金を差し入れないうちは、契約は成立しないものでしょうか。

●その金額や相場は 前の章で説明した権利金と同じく、敷金は、当事者の話し合いしだいです。したがって敷金を入れないように契約しても、かまわないわけです。

つぎに、敷金について、金額の相場のようなものは、あるかですが、地方によって差があるようです。具体的にいいますと、関東では賃料の数か月分、関西では賃料の10か月から数十か月分くらいが多いようです。

ある人が昔、学生時代に神戸でアパートを借りたのですが、家賃が2万円なのに、敷金を40万円もとられてびっくりしたということを聞いたことがあります。つまり関西では、そのようなことは、めずらしくないようです。このように土地建物の賃貸借契約というものは、商取引などとちがって、地方ごとにかなり実状がことなっています。つまり、より生活に密着しているということです。

後の項目でものべますが、たとえば更新料の取り扱いなどについても、それぞれの地方の慣習に影響されることが少なくないのです。

3. 敷金の性格——貸主にとっては担保 ・・・・・・・・・・

敷金は、貸主の側から見れば、担保としての意味を持っています。つまり、たとえば借家人が家賃をためたまま夜逃げをしたとしましょう。家主としては、敷金をもらっていなければ、たまった家賃を取りはぐれてしまうわけですが、敷金をもらっているならば、その分を回収できるわけです。

家賃ばかりではありません。たとえば借家人が家屋を乱暴に使ったために、家のあちこちが破損してしまったとします。このような場合、もちろん家主は修繕費用を借家人に請求することができます。そんなとき、借家人がこれをすんなり払ってくれれば、問題ないでしょう。ところが、なにかと理由をつけて、これを払ってくれない借家人も少なくありません。そのような場合、敷金があれば、家主は自動的にそこから差し引くことができるのです。

4. 敷金の性格──借主にとっては財産 ・・・・・・・・・

一方、逆に借主の側からみれば、敷金は預金のようなものです。契約が終われば、原則として返ってくるものだからです。いわば貸主にとっては、貸主への預け金として、一種の財産としての意味をもっているということになります。このため、借主の債権者が、何かのとき敷金に目をつけることもめずらしくありません。たとえば、ある人（A）が他人（B）にお金を貸したところが、期日に返してもらえなかったとします。その借りた人に財産があれば、最終的には強制執行でもして回収できるでしょう。しかし、その借りた人が持ち家もなく、借家住まいであったとします。ないソデはふれないわけで、その人に財産がない以上は、返してもらえるアテはありません。

ところが、その借家に敷金が入っていたとします。敷金は家を出る時にしか返してもらえませんから、どんなに困っている人でも、これだけは入れたままにしてあります。そこで、お金を貸した人（A）がこの敷金に目をつけて、それを差し押えたりすることができるわけです。

このようにして実務上、賃借人の債権者が、敷金を差し押えることが少なくありません。もっとも、このような賃借人は、家賃をためていることが多く、その分は優先的に差し引かれてしまいますから、必ずしも債権者にとって満足のいく結果になるとはかぎりません。なお、債権者としては、つぎのような場合に注意すべきです。

第3章　敷金の法律問題と紛争の解決事例

紛争ケース① 敷金を差し押えるには

　ＡさんはＢさんに、100万円のお金を貸しています。ところがＢさんはいくら催促しても、このお金を返してくれません。そしてある日、家族とともに夜逃げをしてしまいました。

　Ｂさんの住まいは借家でした。Ａさんは、その大家さんであるＣさんをたずねたところ、敷金が100万円ほど入っているとのことです。さいわいＢさんは、家賃を滞納しているわけではないので、筋からいえばＡさんはその金額をとりたいところです。もっとも、Ｃさんがこの敷金をＡさんに渡してくれれば、Ａさんとしては大助かりなのですが、そのようなわけにはいきません。Ｃさんにとっては、ＡさんがＢさんにお金を貸していることは関係のないことで、敷金はあくまでもＢさんに返すべきものだからです。

　ところでＡさんは、Ｂさんにお金を貸した際に、公正証書を作らせていました。これは公証人役場で作るのですが、これがあれば、めんどうな裁判は必要ありません。つまりすぐにでもＢさんの財産である100万円の敷金を差し押えることができるのです。Ａさんはすぐにこの手続きをとりました。これにより、Ａさんは直接、Ｃさんから敷金を返してもらえることになります。

　ところがＣさんは、いつになってもこの敷金を返してくれません。その言い分は、「またＢさんの残していった家財道具やガラクタが残っている。これでは他の人に貸せないから、明渡しが済んでいるわけではない。したがって敷金を返すわけにはいかない」というものでした。

　Ａさんはこれに対し、「そんなものは、すぐにでも処分してしまえばよいでしょう」というのですが、Ｃさんは「何も自分がそれをする筋合いはない。そんなことをして、あとでＢさんから文句をいわれたら迷惑だ」というのです。

　このようにして、１年ほどすぎてしまいました。その間Ｃさんは、毎月の家賃を敷金から差し引きつづけたため、ついに敷金はゼロになって

75

しまいました。その後、Cさんはようやく腰を上げ、自分でBさんの残したガラクタを処分して、部屋を別の人に貸したのです。

Cさんにとっては何の損害もなかったわけでしたが、Aさんとしては、せっかく手続きをとったのに、1円のお金も回収できません。

Aさんにとっては気の毒な結果ですが、それまでモタモタしていたことにも責任があります。この

★公正証書があっても油断禁物！

ような場合、Aさんとしては、警察の人に事情を話して立ち会ってもらうなどして、自分でガラクタを出してしまうべきだったのです。もちろん勝手に捨てたりすることはできませんから、Aさんが自分でこれを保管することになります。Aさんがそこまでやれば、Cさんも敷金をAさんに渡さざるを得なかったでしょう。

ちなみに、他人の物を勝手に処分すると、横領罪や窃盗罪などに問われるおそれがあります。たとえば、借家人が家財道具などを残して夜逃げをしたとします。その場合、家主はこれらの遺留品を勝手に処分することはできません。これを保管するのが面倒ならば、訴訟で判決をもらい、強制執行をしなければなりません。

用語解説　借家契約と一時金

　建物の賃貸借契約における費用には、賃料や共益費（管理費）のように毎月支払うものと、契約時に全額を交付する一時金とがあります。また、この一時金には、礼金、権利金、保証金、敷金があり、このうち礼金、権利金は後に返還されることはなく、保証金（通常、償却かある）、敷金は預かり金で、契約終了後に返還されます。

第3章　敷金の法律問題と紛争の解決事例

② 契約をするときの敷金の問題

> 敷金については、通常契約で定められるが、退却時に損害金
> 等を差し引いて返還される。

紛争ケース② 敷金を返還する時期

　Ａさんはビルのオーナーです。このビルの各部屋を他人に貸して、その家賃で生活しています。場所が繁華街にあるせいか、入居者の移動も多く、そのたびごとに契約書を交わすことにしています。

　ところでその契約書ですが、これは市販の契約書用紙をまとめて買い、以来ずっとそれを使っています。その契約書のなかで、敷金についての条項は、〔書式6〕のようなものでした。

【書式6】市販の契約書の敷金条項の例

> 　第□条　貸借人は敷金として金○○円を貸借人に差し入れるものとする。敷金には利子を付さない。敷金は賃貸借が終了した時に未払賃料その他の損害金を差し引いたうえ、これを賃借人に返還することとする。

　Ａさんはこのような契約書用紙を使っていたわけですが、Ａさんの人柄のせいか、従来の入居者の間に何のトラブルも起こさずに、すごしてきました。だから最近になって、このビルの一室をＢさんに貸したときも、まさか問題となるとは思っておりませんでした。

　すなわちＢさんは、はじめの3か月くらいはまじめに家賃を入れていたものの、その後はピッタリと家賃の支払いがとまってしまったのです。Ａさんは何度もさいそくをしましたが、まったく払ってくれません。

77

このようにして半年ほどたってしまい、たまりかねたＡさんは、Ｂさんとの間の契約を解約して、出て行ってもらうことにしました。

　敷金としては１年分の家賃に相当するものをもらっていますので、半年分の家賃を差し引いても余りあります。残りの分を返しても、損はしないと思ったのです。

　話がまとまり、解約の段取りになりました。解約の日には、つぎのような念書を取り交したものです。

「ＡとＢとの間の賃貸借契約は、本日をもって合意解約するものとする。Ｂは本日以後３日以内に本件建物を明け渡すこととする。」

　といったものです。この際Ａさんは、敷金の残りの分をＢさんに返してしまいました。このような念書を交した以上、すぐにでもＢさんが出て行ってくれると思ったからです。

　しかしＡさんは、大きな誤算がありました。たしかに契約書どおりに解釈すれば、「契約が終了した時」に敷金を返すわけですから、その条項どおりにしたわけです。ところが、Ｂさんは３日どころか、１週間たっても、１か月たっても、いっこうに出て行ってくれません。Ａさんが「約束がちがうではないか」と抗議しても、Ｂさんは「それならば裁判でも何でもしたらどうですか」などという始末です。もちろん、家賃は最初の滞納のときからまったく入れてくれません。

　問題は、そもそも契約書の条項にあったのです。つまり「敷金は賃貸借が終了した時に返還する」という条項が、いけなかったのです。

　ふつうならば、「賃貸借が終了した時」には、明渡しをしてもらえるものと考えるでしょう。ところが、賃貸借が終了したとしても、必ずしも明渡し完了するとはかぎりません。げんみつにいえば、賃貸借は、解約した時に終了しますが、そのことと実際に明け渡してもらえることとは、別問題なのです。借主が自主的に明け渡してくれない以上、貸主は裁判をして出すしかありません。それにはかなりの時間があることを覚悟しなければなりません。

　その後、Ｂさんは、家賃不払いの常習者であることが判明しました。

Aさんとしては、だまされたくやしさがつのるものの、裁判で解決するまでの間、部屋をタダで使われるのは、まっぴらです。もちろん裁判に勝てば、それまでの間の家賃相当額を損害金としてBさんに請求することはできます。

しかしAさんが調べてみたところ、Bさんには、差し押えるべきまともな資産はありません。いくら法律でも、ないところからはとれないわけで、これでは裁判に勝ってもなんの意味もありません。

★こんなことにならぬ前に……

そのようなわけで、Aさんは泣く泣くBさんに、逆に立退料として20万円ものお金を払って、やっと出て行ってもらうことができました。

以上のことからして、敷金についての条項は、つぎのようなものにするべきでした。

「第□条　敷金は、明け渡しが完了した時にそれと引換えに返還することとする。」

要するに、敷金は、明渡しが完了して、他の人に貸せる状態になってはじめて返すべきものなのです。先にこういった"ごちそう"を賃借人に与えてしまってから、明渡しを求めるというのは、人がよすぎるというわけです。

1．敷金問答②　敷金を返さないと

質問　いやいや、ひどい借主もいるものですね。前の例のAさんとしては、ふんだりけったりという心境でしょうね。

●授受は慎重に　まさにそのとおりですが、この場合、Aさんにも落ち度がないわけではありません。そもそも敷金についての契約書の条項の

入れ方で失敗したばかりか、ごていねいにも、その契約書どおりに敷金を返してしまったわけですから。

だからこのケースは、契約書の条項など無視して、明渡しが済むまでは、敷金を返さなければよかったのです。なお、敷金を返さなかったからといって、Ａさんの方が契約違反になるとはかぎりません。すなわち敷金とは、本来は明渡し完了と同時に返すべき性質のものだからです。それに、もし契約違反になるとしても、せいぜい返すのが遅れた期間につき、年５分の損害金を払えばよいのです。

これは一方のＢさんとしては、明け渡すまでの間、家賃と同じ金額の損害金を払う義務があるのですから、それにくらべればわずかなものです。

この場合、契約書の条項で賃貸人にとって不利なものを入れてしまったとしても、それをバカ正直に守る必要はないのだと考える人もいましょうが、そうとられてしまっては困ります。あくまで設例の場合についてだけと理解してください。

なお、借主の側が契約書の条項に違反した場合、解約の理由になるおそれがあります。

２．敷金はどのような場合に入れるのか ・・・・・・・・・・

前にものべたように、敷金を入れるか入れないかは、当事者の話し合いしだいです。もっとも話し合いの前提として、地方ごとの慣習や相場がものをいうのはもちろんです。したがって契約を結ぶ際には、そのような事情について、よく調べておくべきでしょう。これは、法外に高い敷金をとられたりしないようにするためです。

なお、借地の場合には、敷金が差し入れられることは、めったにないようです。一方、借家の場合には、ほとんどの場合、敷金が差し入れられているようです。

第3章　敷金の法律問題と紛争の解決事例

３．敷金でなした保証金の償却 ・・・・・・・・・・・・・・・・

　最近、ビルや店舗の場合には、敷金でなしに「保証金」というものが差し入れられることが多くなっています。この保証金の場合には、一定期間ごとに、１割前後が償却される例が多いようです。借主は、その償却された額をその時点であらたに差し入れて、その分を補充しなければなりません。

　ところで、敷金の場合には、このような条項を入れることができるでしょうか。最近、保証金と混同してか、そのような契約書が作られることもあるようです。

　結論としては、そのような契約条項も有効です。これは、いちじるしく借主に不利な規定というほどではないからです。要するに、当事者が合意でそのようにきめたことであり、これを否定するほどのことはありません。

　償却がきめられた場合には、償却された分は貸主自身のお金になります。いいかえれば、貸主は、その分については、賃貸借が終了しても返す必要がなくなるのです。その結果、敷金の額もその分減ることになります。この減った分は、補充するようにきめられているのがふつうです。つまり、償却された額を、追加敷金として新たに借主が差し入れられることになるわけです。

用語解説　　各種の金銭の授受と税務

　家主が受け取る賃料や共益費の収入は必要経費を差し引いた余りは不動産所得となります。一時金については、権利金（礼金）は将来返還の義務がないことから原則として課税されます。一方、敷金や保証金は家主の担保としての預かり金となり、原則として課税されることはありません（ただし、償却があればその分については課税）。

81

③ 契約の継続中に起きる敷金の問題

敷金により未払い賃料、遅延損害金、修繕費用などが担保されることになる。

1. 敷金問答③　借主から賃料を敷金から差し引いてくれといわれたとき ●●●●●●●●●●●●●●●●●●●●

質問　借主は、すでに差し入れてある敷金で賃料を払うことはできませんか。たとえば敷金が賃料の４か月分入っているのに、たまたま賃借人が経済的に苦しいような場合には、この敷金の一部を賃料の方へまわしてもらうというわけにはいかないのでしょうか。

●**貸主と話し合ってみる**　貸主の承諾がないかぎりは、そのようなことはできませんが、素人考えでは、どうせあとで返ってくるお金だから、いま返してもらったことにして、その分を賃料にあてても、不都合はないと思いがちですが、そういうわけにはいきません。すなわち、前の項目でものべましたが、敷金は貸主にとって担保としての意味を持っています。つまり貸主としては、敷金をもらっていれば、ある程度、安心して貸すことができるのです。

　それを借主の方の都合で、担保を減らされるというのは、たまらないのです。

質問　わかりました。それではたとえば、４か月分の敷金を入れておいたところが、あと４か月で出て行くことになったとします。このような場合でしたら、どうなるでしょうか。

●**敷金と賃料は別もの**　同じことです。やはり最後の４か月間についても、きちんと賃料を払う必要があります。もっともこの場合には、どう

82

せあと4か月しかないのですから、貸主にとって担保としての作用のうえでも、不安はないのではないかとも考えられますが、これとても確実に出て行ってもらえるとはかぎりません。

契約が終わったのに出ていかない人がいることについては、〔紛争ケース②〕（77頁参照）でのべたとおりです。安心できません。

また、もし4か月後に実際に出ていったとしても、後で調べたら、ほうぼう痛んでいる箇所があ

★それはできません！

るということもあるでしょう。そのような場合には、預かっている敷金の中から、その修理費用を出す必要があります（原状回復義務）。このように敷金は、賃料以外のものにもあてられる性質をもっているのです。いままで説明してきた敷金の担保としての性格を、よく理解しておいてください。

なお、敷金の返還と原状回復義務については、後述（89頁）します。

2．敷金で担保される範囲

前に敷金は、貸主にとって担保としての意味を持っているとのべましたが、その担保される範囲は、どのようなものでしょうか。つまり貸主は、どのようなものを、敷金から差し引くことができるのでしょうか。

まず賃料がこれにあたることはもちろんですが、その支払いが遅れたことによる**遅延損害金**もこれに含まれます。たとえば「家賃は1か月10万円とし、毎月末日までに翌月分を支払う」という契約があったとします。そして借家人が平成〇〇年1月分の家賃を払わないままにして、その後の2月分から12月分までは支払い、その年の12月に出ていった

としましょう。

　この場合、家主は、○○年1月分の家賃10万円のほかに、その1年分（1月1日から12月31日まで）の遅延損害金（年5分の割合）として5000円、合計10万5000円を敷金から差し引くことができるのです。

　このほかにも、借家人が建物を乱暴に使ったために痛んだ箇所の修理費や立ち退く際においていったゴミの処分費用やその他の必要雑費など、要するに、賃貸借契約にもとづいて発生した一切の債務（借主が貸主に対して支払うべきお金）がこれに含まれます。

　このような債務であれば、貸主は契約の途中でその分を敷金から差し引くことができます。その場合には、貸主は借主に対して、差し引いた分を補充するよう求めることができます。つまり、その分を新たに差し入れさせるのです。

　もちろん、その時点では差し引かないでおくことも自由です。その場合には、敷金の補充としてではなしに、賃料などの名目で請求することになります。それが支払われないときは、いずれにせよ賃貸借が終わって明渡しが完了した時に差し引くことになりますので、結局、同じことになります。賃貸借契約とは関係のない債務、たとえば貸主が借主に貸したお金などは、契約の途中で差し引くことはできません。もっとも明渡しが完了して敷金を返すべき時になって、まだこのような債務が残っているのであれば、その分を差し引いてもかまわないことはもちろんです。

3．敷金が差し押えられたとき貸主は ・・・・・・・・・・・・

　前に〔紛争ケース①〕（75頁）で、敷金が差し押さえられた事例を扱いました。ただしこれは、借主の債権者の立場にたってのものです。これを貸主の立場から見てみましょう。

　敷金が差し押さえられても、貸主としては、あわてることはありません。未払賃料その他の債務があれば、それらを差し引くことができます。また、差し押えられたのちに発生する債務でも、それが賃貸借契約にもと

第3章　敷金の法律問題と紛争の解決事例

づくものであれば、同様にして差し引くことができます。

〔紛争ケース①〕では、借主が家財道具などを残して夜逃げをしてしまいました。これでは貸主は他人にこの家を貸すことができません。すなわち明渡しは完了していない──使用状態にある──ことになります。したがって家主としては、毎月の賃料分を敷金から差し引くことができるわけです。

この場合、家主としては、自分で家財道具などを片付けて、それを別の場所に保管することもできます。そうすればその家を他人に貸すこともできるでしょう。しかし、家財道具などを保管するにも倉庫などの場所をとります。その場所の使用料は、やはり敷金から差し引くことになります。そうであるからには、敷金を差押債権者（敷金を差し押えた借主の債権者）に渡す必要はないのです。

貸主が差押債権者に敷金を渡す必要があるのは、自分が貸主として借主からお金を払ってもらう余地が一切なくなった時です。その時になっても敷金の残りがあれば、それを差押債権者に渡さなければなりません。ふつうは、明渡しが完了した場合がこれにあたります。もっともこの例のように、貸主が借主の物を保管しているときは、保管の必要がなくなった時がこれにあたることになります。

さいごに、貸主として注意すべきことを一つのべておきます。それは、差押えの通知を裁判所から受け取ったあとは、賃貸借契約とは関係ないことで、借主に債務を負わせてはならないということです。その分は、敷金では担保されていないからです。

たとえば貸主が差押えの通知を受け取ったのちに、借主にお金を貸したとします。この場合、その貸金は敷金からとることはできません。敷金をアテにして、それをわざわざ差し押えた人の期待をうばってしまうからです。したがって、賃貸借契約にもとづいて発生した債務と、それにもとづかなくとも差押えの通知を受ける前に発生した債務を敷金から差し引いて、さらに余りがあれば、その分を差押債権者に渡さなければなりません。たとえ借主に貸したお金があるとしても、その分は敷金と

85

は別に借主から返してもらわなければならないのです。

4．貸主が途中から変わった場合と敷金 ・・・・・・・・

　賃貸借契約の途中で、貸主が変わることは、めずらしくありません。賃貸マンションの所有者が、これを他人に売り渡した場合などがそれです。このような場合、賃貸借契約は、新しい所有者に引きつがれることになります。つまり、新所有者がマンションの貸主になるのです。

　ちなみに、借地・借家以外の賃貸借、たとえば動産の賃貸借とか、土地の賃貸借でも建物の所有を目的としないもの（貸し駐車場や土地を借りてゴルフ場を造成した場合など）の場合には、結論は違ってきます。

　このような場合には、原則として、賃貸借契約は新所有者に引きつがれないのです。その結果、新所有者は借主に対して「私はあなたに貸していないのですから目的物を返してください」と要求できます。また、借家の場合でも借主が引渡しを受けていないときや、借地の場合でも借地上の建物の保存登記（表題登記でも可）を完了していないときにも、原則として契約は引きつがれません。借主は新所有者に対して、目的物を返さなければならないのです。

　さて、話が横道にそれましたが、ふつうの借地・借家の場合には、賃貸借契約は新所有者に引きつがれます。そしてその後、賃貸借契約が終わって明渡しを完了したときは、借主は新所有者（新貸主）から敷金を返してもらうことになります。旧所有者（もとの貸主）から返してもらうのではありません。

紛争ケース③ 敷金を前の家主から戻すという取り決め

　Ａさんはｂさんに家を貸しており、その敷金として100万円を差し入れてもらっています。ところでこの契約には、〔書式7〕のような条項が入っていました。

86

第3章　敷金の法律問題と紛争の解決事例

【書式7】無効とされた条項の例

> 第□条　本件建物の所有者が第三者に移転した場合でも、敷金はAからBに返還されることとする。

　要するに、所有者に変わっても、敷金は、もとの貸主であるAさんが返すことにするというわけです。その後Aさんは、Cさんにこの建物を売り渡しました。ふつうこのような場合には、その代金から敷金に相当する分が差し引かれます。いいかえると、その分だけ売却代金が安くなるのです。Aさんが預かった敷金を、Cさんが返すことになるため、そうしないとCさんがその分を損してしまうからです。

　しかしAさんは、Cさんに対して、Bさんとの間の契約書を見せて、「このとおり契約では私が返すことになっています。ですから、代金から敷金は差し引きません」といいます。Cさんは、「契約書がそうなっているならそのとおりにちがいない」と思い、そのようにしました。つまり、敷金分を差し引かずに代金を支払ったのです。なおBさんとの間の賃貸借契約は、従来と同じ条件でCさんが引きつぎ、以降は新しい家主であるCさんが家賃をもらうようになりました。

　さて、その後BさんとCさんとの間の賃貸借契約が終了し、Bさんはその家を明け渡しました。ここで問題となったのが、誰がBさんに敷金を返すのかということです。

　当初のAさんとBさんとの間の契約によれば、敷金は、もとの貸主であるAさんが返すことになっています。ところがAさんは、その後引っ越してしまい、現在どこにいるかわかりません。そこでBさんは、Cさんに対して敷金を返してくれるよう申し入れました。

　おどろいたCさんですが、敷金はAさんが返してくれるものとばかり思い、だからこそ、敷金分を差し引かずに、代金をAさんに支払ったのです。もしCさんが敷金を返すとなると、Cさんはその分、つまり100万円の損をしてしまいます。そんなわけで、Cさんは、Bさんの申し入

87

れを拒否しました。

　ところが、ＢさんがＣさんに対し、「敷金を返還せよ」との裁判を起こした結果、Ｃさんは負けてしまいました。Ｃさんは、泣く泣くＢさんに敷金にあたる100万円を支払いました。もちろんその分をＡさんに請求できますが、どこにいるのかわからないのでは、それもできません。

　さて、この結論は、Ｃさんにとって酷だと思われるでしょう。また、「敷金はＡからＢに返還されることとする」との条項を無視するのは、不合理と思われるかもしれません。

　しかしながら、所有者が変わって貸主も変わる以上は、敷金も新しい貸主が返すべきだというのが判例なのです。筆者の個人的な意見としては、この結論に疑問を持っているのですが、判例となっている以上、同じような裁判が起こされても、このような結論になるものと思われます。

　ちなみに、敷金と同じく、契約を結ぶときに借主から貸主に支払われる一時金として「保証金」というものがあります。これは後の章でのべますが、この保証金のある種のものについて裁判は、敷金の場合と逆の結論をとっています。

５．敷金と賃料値上げ

　敷金が入っているとしても、原則として賃料の値上げとは関係ありません。つまり貸主は、敷金が入っていようとなかろうと、適当な時期がくれば、相当な幅で賃料を値上げすることができるのです。

　しかしながら、契約で予定された全期間の賃料に相当する金額を大きく上回るほどの敷金が入れられているとなると、話は別です。敷金は返ってくるものだとはいっても、貸主は利息を付けずに返せばよいため、多額の敷金が入っているときは、貸主は利息相当分の利益を受けます。

　そこでこのような場合には、少なくとも契約で予約されている期間だけは、賃料を値上げしないとの暗黙の合意があったものと考えるのが自然でしょう。それをしないで、貸主としては、経済的に十分に引きあうと考えられるのです。

第3章　敷金の法律問題と紛争の解決事例

4 敷金返還と原状回復費用

最近トラブルで多いのが、退去時に敷金から差し引く原状回
復費用（修繕費）の問題である。

1．建物の返還と原状回復義務 ・・・・・・・・・・・・・・・

　借主は、賃借目的物を明け渡しさえすれば、それでよいというわけで
はありません。不注意で目的物をこわしたり、汚したりしていたときは、
これを元どおりの状態に直さなければならないのです。

　もっとも、ふつうの使い方をしていて、自然に汚れたり、こわれたりし
た場合は別です。その場合には、ほっておいてかまいません。ここでい
うのは、不注意、あるいは乱暴に使った結果、そうなった場合のことです。

　また、借主の好みで、賃借家屋に照明設備をとりつけたり、壁紙を張
り替えたりします。この場合に、それらの設備や壁紙が、一般的に見て
も好ましいものであるならば、借主は貸主に対して、それにかけた費用
を請求できることもあります。

　ところが、その照明や壁紙が趣味の悪いもので、元どおりにしなけれ
ばあとの人が入らないといったような場合には、話はちがってきます。
このような場合には、借主は逆に費用をかけてでも、それらを元どおり
にしなければなりません。借主個人にとっては「住みよく改良」したつ
もりでも、貸主にとっては「汚されたりこわされたりした」のと変わら
ないからです。

　このように、目的物を元どおりの状態にすることを原状回復といいま
す。借主は、賃貸借終了時に、目的物を原状に回復したうえで、これを
貸主に返さなければならないのです。

　かつては、借家のトラブルの中心は、この原状回復をめぐる問題でし

89

た。貸主の側は、借主に原状回復義務があるのをいいことに、壁紙の張り替え、畳の表替え、床の張り替え、天井の塗り替えその他、多くの要求をしてくる場合があります。そして、場合によっては敷金だけでは原状回復に不足だとして、敷金の返還を拒否したうえに不足分の損害賠償請求をする事例も見られました。

　しかし、本来原状回復とは、借家を新築の状態に戻すことまで要求されるものではありません。それどころか、借家人が借りた当時の状態に戻すことすら必要ないのです。借家人がよほど酷い使い方をしていない限り、それほど多額の金銭が必要なものではないのです。

　平成10年に国土交通省住宅局が発表したガイドライン（110頁参照）によると、借主が負担しなければならない原状回復とは、「賃借人に居住、使用により発生した建物の価値の減少のうち、賃借人の故意・過失、善管注意義務違反、その他通常の使用を超えるような使用による損耗等を復旧すること」と定義しています。今では、この基準が一般的になっています。

　つまり、通常の使用による損耗や自然損耗等の修繕の費用の負担は、借家人の原状回復義務には含まれず、家主が負担するべきものとしているのです。こうした理由で敷金をなかなか返還してくれない場合には、借家人は敷金返還の支払督促や調停の申立てをするとよいでしょう。

◆**敷　金（まとめ）**

	敷金の意味・金額	備　考
借地	意味⇒土地の賃貸借契約による一時金（何もなければ契約終了により返還される） 金額⇒契約による 相場⇒なし	・土地の賃貸借における敷金は賃料（地代）が未払いの場合や借地に損害を与えた場合の担保金。
借家	意味⇒建物の賃貸借契約による一時金（何もなければ契約終了により返還される） 金額⇒契約による 相場⇒賃料（月額）の2～3カ月分	・建物の賃貸借における敷金は家賃が未払いの場合や借家に損害を与えた場合の担保金。契約終了において、精算される。

第4章

保証金の法律問題と紛争の解決事例

※保証金は、将来、賃借人が負う債務を担保する一時金（敷金と類似）で、建設協力金などもあります。

- 保証金とは何か・その種類と実状は‥92
- 契約するときの保証金の問題‥‥‥‥98
- 保証金の返還と紛争‥‥‥‥‥‥‥‥105

1 保証金とは何か・その種類と実状は

> 敷金が預り金としての性質があるのに対して、保証金は貸付
> 金としての性質を持ち、本質が異なる。

1．保証金問答①　保証金の性質とは何か・・・・・・・・

質問　　最近よく耳にする保証金というのは、敷金と同じく、後で返
ってくるものですか。

●**敷金にくらべ複雑な性質**　そうです。しかし、敷金と同じものではあ
りません。それでは、どこがちがうのかですが、ひとくちにいって、敷
金ほど単純ではないのです。つまり同じく保証金とよばれてはいても、
いくつかの種類があるのです。まずこのことを頭に入れておいてくださ
い。

　まず、最高裁判所で確認されたものとしては「建設協力金」としての
保証金があります。

　この仕組みを具体的に説明しましょう。

　ビルの貸主は、そのビルを建設するための資金を、金融機関から借り
入れるのがふつうです。しかし、全部の資金を借りたのでは、その金利
負担が大変です。そこで、利口な貸主が、その一部をテナント（賃借人）
に貸してもらうという方法を思いつきました。つまり、家主としてはテ
ナントからならば、銀行とちがって、安い金利で借りることができます
から、それだけ楽になります。

質問　　保証金は、預かり金ではなしに、借入金というわけですか。
　　　　だとすると、その返済期間や、金利などが問題になりますね。

●**貸主の都合のよい保証金**　おっしゃるとおりです。まず返済期限のほ
うですが、敷金の場合のように「明け渡した時に返還する」というので

は、いつ出て行くかわかりませんから、返済のメドがたちません。そのため、7年後とか10年後とかいうように、長い期限がきめられるのがふつうです。これはゴルフ場会員権の預託金の据置期間に似ています。

　また金利についてですが、これは低金利というよりも、無利子という例が多いようです。このような貸主としては、ずいぶん都合のよい方式です。

★貸主は楽になる

質問　保証金の返済はどのようにして取りきめられるのでしょうか。

●**貸主の有利な条件**　お互いの話し合いですが、期限がきても、金額を返済するのではなしに、やはり7年とか10年などの長期分割払いの方式がとられています。そのような条件に応じるテナントがいるかですが、その分の安くなりますから、同じことです。まとまった資金を持っているテナントであれば、むしろそのほうがよいかもしれません。この保証金ですが、家賃の不払いがあった場合、貸主は、この保証金からその分を差し引くことができますから、この点でも貸主としてはかなり有利です。そのことについては、つぎに説明しましょう。

2．保証金の敷金的性格

　建設協力金として保証金が授受された場合には、その性質は、貸付金（貸主からみれば借入金）ということになります。その意味で、預かり金としての敷金とは、ちがいます。

　しかし、預かり金であろうと貸付金であろうと、貸主がお金を持っているということには、変わりありません。そして、相手のお金を持って

いるという立場は、強いものです。相手、つまり借主が、賃料などを支払わない場合には、その分を持っているお金の中から一方的に差し引いてしまえばよいからです。このように保証金は、敷金としての性格をも、あわせ持っています。すなわち、借主が賃料を支払わなかったり、あるいは不注意で賃借目的物をこわしたというような場合には、後で保証金を返す時に、その分を差し引くことができるのです。借主もそのようなつもりで保証金を入れたはずですから、そうされることに異存はないでしょう。

このように、敷金としての性格をも持っている以上、貸主としては、それを返すときには、慎重になるべきです。建物にきずがつけられていないか、借主の不注意で補修を要する箇所がないかといったようなことを、よく調べるのです。先に保証金を返してしまってから、あとでそれらを発見して、修繕費を請求したとしても、なかなか支払ってくれるものではないからです。

なお、敷金の項目で、敷金返還請求権が差し押えられた場合についてのべましたが、そのことは、そのまま保証金にもあてはまります。要約すれば、貸主は、保証金を返済するべき時期になったら、①その賃貸借契約にもとづいて借主に請求できる金額および、②契約とは無関係なものであっても、差押えの通知を受ける前に借主に対して持っていた債権のすべて──これら一切を差し引いて、なお余りがあれば、その分を差押債権者に渡せばよいのです。

３．保証金問答②　保証金の種類はさまざま ・・・・・・・・

質問　建設協力金の場合については、よくわかりましたが、保証金には、それ以外のものもあるようですが、それらについて説明してください。

●**いろいろな意味の保証金**　たとえば、一定期間ごとに償却される種類の保証金もあります。この場合、償却された分は、さらに借主が補充して差し入れることになります。これは、よくみかけます。しかし、なぜ

第4章　保証金の法律問題と紛争の解決事例

そのようにして償却されてしまうのかについては、よくわかりませんが、あるいは減価償却から連想して、利口な貸主が考えついたものでしょうか。

　いずれにせよ、契約書の中の特約でそのようにきめられているから償却されるのだとでも、いうほかはありません。そして判例も、このような特約を有効であるとしています。

質問　わかりました。それでは、ほかにどのようなものがありますか。

●**撤去費用の担保として**　博覧会の会場として土地を貸した場合、その期間が終われば、その土地の上の施設は無用の長物となってしまいます。このような場合に、借主が責任をもってその施設を撤去してくれるとは、かぎりません。すなわち、借主に逃げられてしまえば、結局、貸主が自分で撤去しなければなりません。そこでその撤去のための費用に相当する額を、貸主があらかじめ保証金の名目でとっておくということもあります。つまり明け渡しを保証するというわけです。したがって借地契約の場合にも、保証金というものはあるわけです。もっともこれは前記のような特別な事例にかぎられるでしょう。保証金の大半は、ビルの賃貸借、それも居住用ではなしに営業用のものに多くみられるようです。

質問　ところで、いろいろな性格の保証金があることはわかりましたが、それらに共通するものはあるのでしょうか。

●**迷惑をかけないための保証**　あります。それは、前にのべた敷金的な性格です。つまり、借主が貸主に迷惑をかけないことを約束し、そのことを保証するためのお金だということです。そして、約束どおり迷惑をかけなかったときには、少なくとも一部分は返ってくるというわけです。したがって、敷金も保証金の一種のようにみえますが、法律的に考えると、そうはいえません。預かり金と貸付金など、性質の異なる場合もあるからです。

　ただし前記のような共通項を持つという意味では、実際上の効用から見れば、そのように考えてもよいでしょう。

95

4. 貸主が変わった場合の保証金の返還

前に敷金の項目で、貸主が変わった場合には、敷金を返すのは、あたらしい貸主のほうであって、旧貸主ではないとのべました。それでは、保証金の場合には、どうなるのかを考えてみます。

この問題について最高裁判所は、前にあげた建設協力金の例で、敷金の場合とはちがった結論をとっています。つまり、保証金を返すのは、旧貸主のほうであって、新貸主ではないというのです。その理由は、つぎのようなものです。すなわち、

★返してくれるんだろうなあ？

「建設協力金としての保証金は、敷金とはことなり、貸付金である。つまり、賃貸人を借主、賃借人を貸主とする、金銭消費貸借契約にもとづいて授受された金銭である。そしてこの金銭消費貸借契約は、一通の賃貸借契約書のなかに書かれていたとしても、その賃貸借契約とは別の契約となる。したがって、賃貸借契約の貸主が変わったとしても、金銭消費貸借契約の借主はもとの賃貸人であって、新しい賃貸人がこの借主としての地位を引き継ぐものではない」というものです。この難解な理由を理解する必要はありませんが、建設協力金を返してもらう相手は、はじめの賃貸人であるということだけは、記憶しておいてください。建設協力の貸借契約は、賃貸借契約とは別個のものだとでも考えればよいでしょう。

ちなみに前記の事例は、もとの賃貸人が倒産していたというものでした。こちらの方を訴えても、とても払ってもらえないでしょう。しいて新貸主を訴えたのも、前記のような理由によるものです。このような結

第4章　保証金の法律問題と紛争の解決事例

果を防ごうとするならば、通常の消費貸借の場合と同様に、もとの貸主の財産について、抵当権などの担保をつけておくべきだったのです。とくにこの事件は、はじめの賃貸人が倒産しており、そこからは、とても払ってもらえないという事例でした。結局どこからも払ってもらえないわけです。そうなる前に、はじめの賃貸人に対して、何らかの手を打っておくべきです。

　また、はじめの賃貸人に財産がなくてどうしようもないのでしたら、貸主が変わる際に、新しい貸主に債務引受けをしてもらうという方法もないではありません。これは、新しい貸主がもとの貸主の債務を引き継ぐという契約です。もちろん、そう簡単に新しい貸主が承知してくれるとはかぎりませんが、試みてみるだけの価値はあると思います。

用語解説　　**保証金の種類・内容**

※**保証金**……ビルの貸事務所、店舗においては多額の保証金が授受されることが多くあります。保証金については、法律の規定はなく、契約によって定まります。

　この保証金は建設資金を集めるために利用されることが多く、一般には、①契約終了まで返還せず、②賃料不払い、その他、損害賠償債務を担保し、③期間に応じて一定の割合でその一部を賃貸人が取得（償却）し、④無利息であるなどの性質があります。

　保証金は敷金と似ていますが、保証金は通常多額で償却（一定の割合で賃貸人が取得）があること、また、敷金が契約終了に伴う物件引渡しにより返還されるのに対して、保証金の返還時は契約によって定まります。

※**建設協力金**……保証金の一種です。これについては本文で解説してありますので、該当個所を参照してください。

※**有料老人ホームへの入所の保証金**……有料老人ホームは賃貸住宅ではなく施設の利用権ですが、契約に際して多額の保証金が必要な場合があります。これに対して、最近、多く建築されているサービス付き高齢者向け住宅は、賃貸借ですので、原則として保証金はありません。

② 契約するときの保証金の問題

保証金の償却や返還については契約により定められるが、返還をめぐるトラブルは多い。

1．償却と返還

　前にのべたように、保証金の場合には、償却と返還ということが問題となります。

　償却のほうは、2〜3年に一度、1割ないし2割前後の金額についてされることが多いようです。償却された分については、建物の貸主は返還しなくてもよくなります。つまり、その分は貸主のお金となってしまうため、期限がきても返す必要がなくなるのです。

　それから、償却にともない、その分の追加差し入れということも問題になります。償却がくり返されると、しまいに保証金がゼロということになってしまいます。そのため、償却された分に相当する金額を、そのたびに建物の借主が貸主に差し入れるのです。

　返還というのは、期限に返すことです。前に、保証金は貸付金であるとのべましたが、貸付金である以上は、期限に返さなければなりません。これが返還です。なお、保証金のなかには、貸付金でないものもあるでしょう、そのようなものも、権利金でない以上、いつかは返さなくてはなりません。したがって、いずれにせよ最終的には、返還されることになります。

　保証金の返還が敷金の返還とちがう点は、必ずしも明渡完了と同時にしなければならないわけではないことです。たとえば、賃貸借がいつ終わるかということとは無関係に、契約後10年たった時に返還するというようにきめることもできます。その場合には、賃貸借が5年後に終わ

って明渡しが完了したとしても、保証金を返還するのは、10年後でよいのです。この10年は「措置期間」ということになります。

また、保証金は、敷金とちがって、必ずしも一度に全額を返還しなくてはならないものではありません。これを何回かに分割するようにきめることもできるのです。たとえば100万円の保証金を、10年間据置きのうえ、そのあと10年の年賦で返還することになっているとします。この場合、貸

主は、11年目から20年目までの10年間に、10回にわたって、年に10万円ずつを返還することになります。

このように、保証金の取り扱い方や返還のしかたは、敷金とはだいぶちがっています。もっともそれらのことは、契約の時にそのようにきめられたからこそで、これらの点について何もきめられていなければ、敷金と同じ取り扱いを受けることになります。

2．保証金の実状

保証金ということばは、民法や借地借家法などの法律には出てきません。すなわち、法律は、保証金については干渉していないのです。したがって、当事者の一方によほど不利にならない以上は、保証金の取り扱いについては、当事者が自由にきめることができます。

保証金の取り扱いについての実状はさまざまです。先ほどのべたように、償却や、返還の据置き、割賦返済などがきめられている場合もあれば、敷金とまったく同じに取り扱われている場合もあります。

保証金の取り扱いを自由にきめることができるからには、このように

その内容がマチマチであっても、少しもさしつかえありません。各場合の実状に応じて、柔軟にきめられているわけです。

保証金の取り扱いかたとしては、つぎのようないくつかのものがあります。

① 敷金とまったく同じに扱う決め方

住居用のアパートやマンションの賃貸借に多いようです。償却や、返還の据置きなどはありません。

② 償却されることにしている決め方

営業用の店舗や事務所などの賃貸借に多いようです。償却は、更新の時に行なわれるのがふつうですが、更新とは関係なしに、一定期間ごとに償却されるという事例もないではありません。償却された分は、追加して指し入れられることになります。償却の幅は、２年更新の場合で、１割から１割５分前後、３年更新の場合で１割５分から２割前後が多いようです。

③ 契約終了時に償却されることにしている決め方

これは、右の②の決め方がされた場合に、それと同時にきめられることが多いようです。②の決め方だけでは、期間が満了して、更新されずに契約が終了した場合には、償却されないからでしょう。

④ 返還について、据置期間をつける決め方

②と同様、営業用の店舗や事務所の賃貸借の場合で、貸主が少ない自己資金でビルを建てたというような事情がある場合によくみられます。実質的には、建物の借主が貸主の建設資金の一部を負担することになります。据置期間は、５年から10年前後が多いようです。

⑤ 返還について、割賦返済を条件とする決め方

④と同様、貸主の自己資金が少ない場合に多いようです。このように、借主にとって保証金についての条件がきびしい分だけ、賃料が比較的安いか、あるいは目的物件が非常に良い場所にあるというような事情があるのがふつうです。

第4章　保証金の法律問題と紛争の解決事例

３．保証金の取り扱い方の書式 ・・・・・・・・・・・・・・・

　保証金の取り扱い方は、契約書の条項の内容によってきめられます。もちろん、裁判になれば、それ以外の事情なども考慮されますが、なんといっても、条項がどのようなものであるかということが、判決の結果にもっとも影響をおよぼすのがふつうです。

　それでは、保証金の取り扱い方についての書式（次頁）を示しましょう。前の項目での①から⑤までの類型ごとに書くことにします。

①敷金とまったく同じに扱うきめ方〔書式８〕

　この場合には、借主が賃料を滞納したり、賃借家屋をこわして修繕費が必要となったときは、その分を差し引くことは、もちろんです。このことは、以下の場合にもすべてに共通します。

②償却されることにしているきめ方〔書式９〕

　この条項は、更新についての条項に付随するもので、この場合にも〔書式８〕の条項は必要です。

　つまり、更新を機会に償却する場合には〔書式８〕の条項にこの条項を加えるというわけです。

　更新とは関係なしに償却する場合には、〔書式９〕の条項を〔書式10〕のように変えることになります。

③契約終了時に償却されることにしている場合〔書式11〕

　この場合には、〔書式８〕のつぎに、〔書式11〕のような条項を入れることになります。

　この条項は、〔書式９〕あるいは〔書式10〕と併用することもできます。

　なお「賃貸借の経過した期間の長短を問わず」というのは、たとえば３年更新の場合で、更新時からわずか半年後に合意解約したとしても更新時の償却とは別に償却するという意味です。

④返還について、据置期間をつけるきめ方〔書式12〕

⑤返還について、割賦返済を条件とするきめ方〔書式13〕

101

【書式8】基本型

第□条　保証金には利息を付けない。

甲（貸主のことです）は、本件賃貸借終了後、乙（借主のことです）が本件建物を明け渡した後に、乙に対し保証金を返還する。

【書式9】更新時償却型

第□条　本賃貸借契約の期間が満了した時は、甲乙合意のうえ、契約を更新することができる。

前項の場合において、保証金の□割□分を償却することとし、乙はその分を追加して差し入れるものとする。

【書式10】一定期間毎償却型

第□条　本賃貸借契約の期間が満了した時は、甲乙合意のうえ、契約を更新することができる。

前項の場合において、保証金の□割□分を償却することとし、乙はその分を追加して差し入れるものとする。

【書式11】契約終了時償却型

第□条　前条の場合において、賃貸借の経過した期間の長短を問わず、保証金の○割○分を償却することとする。

【書式12】据置後返済型

第□条　保証金は、本賃貸借契約の存続の有無にかかわらず、平成○○年○月○日限り乙に返済するものとする。

【書式13】据置後割賦返済型

第□条　保証金は、本賃貸借契約の存続の有無にかかわらず、平成○○年○月以降平成○○年○月までの間、毎月○日限り金○万円宛を乙に返還するものとする。

第4章　保証金の法律問題と紛争の解決事例

4．保証金問答③　保証金の値上げについて ・・・・・・・・

質問　私は、他人に店舗を貸しており、その保証金として、200万円をもらっています。このたび、この保証金の額を値上げしたいと思うのですが、借主が承知しません。どうしたものでしょうか。

●**借入金としての性質**　むずかしいところですね。保証金は、賃料とちがって、当然に値上げできるものではないのです。素人考えでは諸物価がすべて値上げされているのに、保証金だけが値上げできないというのは、納得できないところでしょうが、前に、保証金は貸付金であるといいました。お金を借りている人が、貸している人にむかって「物価が上がったからもっと貸してくれ」といえないと思います。このように保証金は、賃料とは、性質がちがうのです。

質問　それでは、貸付金でない保証金についてはどうですか。たとえば私の場合には、敷金と同じつもりで保証金を預かっているのですが。

●**当然の値上げはできない**　賃料でない以上は、当然には値上げすることはできません。ただし、契約書に特約があれば、話しは別です。

　たとえば、

「保証金は賃料の5か月分とし、賃料が改定されたときは、それに応じて改定されるものとし、借主はその差額を差し入れる」

　というような特約があれば、賃料を値上げする時にいっしょに値上げできるでしょう。

質問　貸付金（借入金）としての保証金の場合にも、どうなるでしょうか。

●**特約を活用する**　同じことになると思います。またこれは、賃料とは無関係に値上げすることは、できません。しかしたとえば、

「保証金は5年毎に改定し、借主はその差額を差し入れる。改定の割合は、貸借建物の敷地の固定資産税上の評価額に準じる」

　とでもしておけば、一つの契約であり、値上げできることになります。

103

つまりそのような特約がなければ、値上げできないというわけです。

　いずれにせよ、こうしたことは貸主と借主の約束ごとですからあらたに貸主と借主が合意すれば、値上げできることはもちろんです。ただし、あなたの場合には、借主が反対しているとのことですので、結局ダメだと思います。したがって今後は、そのような特約を入れるようにしたほうがよいでしょう。

　あなたの場合にもいえることですが、このようなトラブルは、契約を結ぶ際に注意していれば、その大部分を防止することができます。要するに、たんに「保証金」とか「敷金」ということばを気楽に使うのではなしに、それがどのような意味を持つものかということをあらかじめよく検討しなければなりません。

　そして、将来起こりうるトラブルを予測して、契約書を作るべきなのです。

◆保証金のトラブルのポイント

　保証金には返還義務がありますが、通常、多額であるために、その返還をめぐってトラブルとなることが多々あります。

※保証金の不払い…契約上、保証金の支払が義務付けられている場合には、保証金の不払いは賃貸借そのものの解除原因となります。

※中途解約……中途解約の場合に、保証金の返還がどうなるかは契約により決まります。敷金と異なり、契約終了時に返還義務があることにはならないからです。

　例えば、5年間の賃借契約で2年後に中途解約で出て行く場合、保証金の返還が5年後となっていれば、その間は返還されなことになります。また、保証金に償却がある場合は、償却後の金額しか返還されません。

※保証金返還請求権……保証金は高額であることから、賃借人がその保証額を金融機関から借り入れて、保証金返還請求権を質入れすることがありますし、譲渡することもあります。こうした譲渡や質入れがなされると、おもいもかけぬ人から返還請求があったりして、トラブルに巻き込まれることがあります。賃貸人は保証金の譲渡や質入れを禁止することができますが、善意の第三者には対抗することができません。

第4章　保証金の法律問題と紛争の解決事例

③ 保証金の返還と紛争

保証金は貸付金なので、相手の資産状態を常に把握しておく
などの管理も必要。

1．保証金と明渡し ･･･････････････････････

　前に、保証金は敷金的な性格を持っているとのべましたが、ここでは、
このことについてもう少し、くわしく考えてみます。

　賃貸借契約が終了すると、借主は目的物（土地家屋）を明け渡さなけ
ればなりません。明渡しとは、借地契約の場合には、借地上の建物など
をとりこわして土地を地主に返すこと、借家契約の場合には、建物の中
の什器・備品、その他の動産類の一切を搬出して建物を家主に返すこと
をいいます。

　ところが、賃貸借契約が終了したからといって、借主がすぐに明け渡
してくれるとはかぎりません。つまり賃料を支払わないままで、いつま
でも居すわり続けるといったことも、ないわけではないのです。

　このような場合には、貸主は、訴訟を起こして明渡しの判決をもらい、
それにもとづいて強制執行をすることはできます。しかし、それには、
少なくとも1年前後以上の時間と、少なからぬ費用をかけなければなり
ません。しかも、それまでの間は、目的物を別の人に貸すこともできま
せん。そうすると、その間は賃料も入りませんから、この分の損害もば
かになりません。

　もちろん、このような損害は、最終的には借主が支払うべきものです。
したがって、それについても損害賠償を求めて訴訟を起こせば、勝訴の
「判決」をもらうことはできます。とはいっても、相手に財産がなかっ
たり、あるいは財産があっても他人名義にされて隠されていてしまった

105

りしていたのでは、現実問題としては、その「判決」は、紙切れ同然の価値しかありません。実際上は、ないところからは取りようがないのです。このようなことから、不誠実な借主が明渡しを引きのばし、あまつさえ、逆に立退料を要求するようなことも、めずらしくはありません。

ところが、（多額の）保証金が入っているとなると、事情は一変します。借主としては、なるべく早く保証金を返してもらいたいところでしょうが、明渡しをすまさないことには、それを返してもらえません。しかも、ずるずると明渡しをのばしていたのでは、そのことによる損害、すなわち賃料分にあたる損害が大きくなるばかりです。その分を差し引かれるため、返してもらえる保証金のほうは、逆に小さくなるばかりです。

このようなことから、多額の保証金が入れられている事例では、明渡しはスムーズに行なわれるのがふつうです。したがって貸主としては、もし借主の人柄などに不安があるならば、なるべく多くの保証金を入れさせるべきです。また逆に借主の立場からは、保証金を入れている以上は、前々から明渡しの準備をしておき、賃貸借が終了したらすぐにそれを実行できるようにしておくべきでしょう。

2. 使用料相当額の損害金 ・・・・・・・・・・・・・・

前の説明にもありましたが、契約終了後も借主が明渡しをしないときは、貸主は借主に対し、使用料相当額の損害金を請求することができます。貸主としては、「もしすぐに明け渡してもらえれば別の人に貸せた──そうすれば家賃が入ってくる──しかし明け渡さないためにそれができない──つまり家賃が入ってこない──その分の損害を受けた──責任は明け渡さない借主のほうにある──したがってその分を支払え」ということになるわけです。この損害金の金額は、原則として「目的物の相場なみの賃料」ということになります。そして特別な事情がなければ、その額は、終了した賃貸借での賃料がそれにあたることになります。たとえば、その賃料が１か月10万円で、借主が契約終了後３か月間明け渡さなかったならば、30万円が損害金の額ということになります。

106

第4章　保証金の法律問題と紛争の解決事例

　ところで最近は、この損害金について、あらかじめ契約書で、賃料額よりも高くきめておく事例がふえています。たとえば〔書式14〕のようにきめるのです。

【書式14】損害金に関する条項の例

> 　第□条　本賃貸借終了後、賃借人が賃借物の明渡しをしないときは、賃借人に対し賃料の倍額相当額を支払うものとする。

　こうしておけば貸主は、倍の60万円を損害金として請求できることになります。

　このようにきめることの効用は、おわかりでしょう。損害金を２倍にきめておけば、そうでない場合よりも、借主としては、より早い時期に明渡しをする必要にかられるからです。このような特約の効力についてですが、賃料の２倍という事例では、過去の判例も有効であるとしています。しかし、これを３倍とか５倍というように高くしたのでは問題です。つまり、賃借人にいちじるしく不利な特約であるとして、無効とされます。なお、消費者契約法（平成13年４月１日施行）の遅延損害金は、年14.6パーセントまでを有効としていますので、本ケースは賃料の遅延損害金ではありませんが、損害金をこの範囲に留めておけば確実です。

３．保証金と原状回復

　借主は、賃借目的物を明け渡しさえすれば、それでよいというわけではありません。不注意で目的物をこわしたり、汚したりしていたときは、これを元どおりの状態に直さなければならないのです。

　借主が、原状回復をしないまま出ていってしまったときは、貸主はとりあえず自分で費用を出して、原状回復をすることになります。もちろん、そのための費用が借主が負担するべきものですから、貸主は保証金からその分を差し引くことができます（敷金も同様）。

　また、貸主が原状回復をするといっても、そのための日数もある程度

107

必要でしょう。それまでの間は、目的物を他人に貸せません。したがって、この日数分についての使用料相当額の損害金をも、保証金から差し引くことができます。

紛争ケース①　家主がわざと原状回復を遅らせた事例

　Ａさんは、Ｂさんにビルの一室を貸しています。Ｂさんはここで飲食店をいとなんでおり、家賃は月10万円、保証金は100万円です。

　さて、このたびＢさんが出て行くことになり、双方が立会いのうえ、明渡しということになりました。家賃の滞納などはありませんでしたから、ここで何の問題もなければ、保証金はＢさんに返還されることになります。ところがＡさんが調べてみると、壁やドアのあちこちがこわされています。店の客が酔っぱらってやったとのことですが、これではすぐには人に貸すことができません。なお、こわしたのは店の客であってＢさんではありませんが、Ｂさんの店であった以上は、Ｂさんの責任であることはもちろんです。

　そこでＡさんは、「これでは原状回復が終わっていない。私が改修工事をしますから、その費用と、それが終わるまでの日数分の損害金は保証金から差し引きますよ」との申し出をしました。前にのべたことからも明らかなように、これはもっともな申し入れといえるでしょう。

　ここで、Ａさんがすぐに改修工事にとりかかれば、問題はありません。しかしＡさんは、なかなかそれをしませんでした。それをしたのは、明渡しが終わってから、4か月もたってからのことです。

　どうしてすぐとりかからなかったといいますと、つぎのような理由によるものでした。つまり、そのビルをつぎに借りる人のつごうで、そのビルは4か月ほど空いてしまうのです。これではその間の家賃が入りません。Ａさんはわざと工事を引きのばしたのです。そしてその4か月分の賃料にあたるものを、保証金から差し引いてしまおうというわけです。なお、改修工事には30万円かかりましたので、これと4か月分の賃料

第4章　保証金の法律問題と紛争の解決事例

40万円を保証金から引きますと、30万円しか残りません。

　Aさんは右のような事情は隠して、Bさんに対し「工事が難航して4か月間かかり、その費用に30万円かかったので、差し引き30万円をお返しします」といいました。もちろんBさんは納得しません。その工事は、大工の手配なども含めて、せいぜい1週間もあれば終わるからです。

　Bさんの不満を具体的にいうと、つぎのようになります。

①　改修工事30万円はみとめる。

②　しかし、その期間としては1週間しかみとめられない。

③　したがって使用料相当額の損害金は、

　　10万円（1か月分の家賃）÷31（1か月分の日数）×7（改修に要する日数）＝22,581円──となる。

④　これによると保証金100万円から差し強かれるのは、30万円（工事費用）プラス2万2531円だけであり、差し引き67万7419円を返還せよ。

　このBさんの言い分は、もっともです。もしBさんが裁判所に訴えれば、認められるでしょう。つぎの借家人の入居が遅れることはAさん側の事情で、Bさんがその間の損害金を負担する理由はないからです。

◆保証金（まとめ）

	保証金の意味・金額等	備　考
借地	意味⇒土地の賃貸借契約による一時金（原則、何もなければ契約で定める日に返還） 金額⇒契約による 相場⇒なし ※保証金は、敷金的な意味合いが強いが、保証金の償却や返還期日は契約により定まる。	・普通借地契約はほとんど行われていないが、高額となる。 ・定期借地の契約の一時金には保証金・権利金・敷金・前払地代があり、前払地代の実態は権利金であるが、一括課税はなく、毎年均等に収益計上ができ税金が分散ができる。
借家	意味⇒建物の賃貸借契約による一時金（原則、何もなければ契約で定める日に返還） 金額⇒契約による 相場⇒なし ※償却・返還等は契約による。	・保証金は、営業用に使用するビルの賃貸などの場合に多い。建設協力金などの名目の場合もある。アパートなどの賃貸借では敷金があり、通常、保証金はない。

109

◆「原状回復をめぐるトラブルとガイドライン」

（国土交通省住宅局：平成23年8月・再々訂）

● ガイドラインのポイント

(1) **原状回復とは**……原状回復を「賃借人の居住、使用により発生した建物価値の減少のうち、賃借人の故意・過失、善管注意義務違反、その他通常の使用を超えるような使用による損耗・毀損を復旧すること」と定義し、その費用は賃借人負担としました。そして、いわゆる経年変化、通常の使用による損耗等の修繕費用は、賃料に含まれるものとしました。

⇒原状回復は、賃借人が借りた当時の状態に戻すことではないことを明確化

(2) **「通常の使用」とは**……「通常の使用」の一般的定義は困難であるため、具体的な事例を次のように区分して、賃貸人と賃借人の負担の考え方を明確にしました。（以下の図参照）

〈図　損耗・毀損事例の区分〉

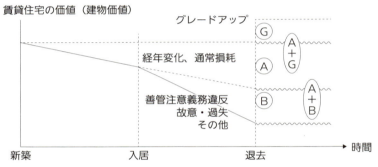

A：賃借人が通常の住まい方、使い方をしていても、発生すると考えられるもの
B：賃借人の住まい方、使い方次第で発生したり、しなかったりすると考えられるもの（明らかに通常の使用等による結果とは言えないもの）
A（＋B）：基本的にはAであるが、その後の手入れ等賃借人の管理が悪く、損耗等が発生または拡大したと考えられるもの
A（＋G）：基本的にはAであるが、建物価値を増大させる要素が含まれているもの
⇒このうち、B及びA（＋B）については賃借人に原状回復義務があるとしました。

(3) **経過年数の考慮**……(2)で解説しているBやA（＋B）の場合であっても、経年変化や通常損耗が含まれており、賃借人はその分を賃料として支払っていますので、賃借人が修繕費用の全てを負担することとなると、契約当事者間の費用配分の合理性を欠くなどの問題があるため、賃借人の負担については、建物や設備の経過年数を考慮し、年数が多いほど負担割合を減少させる考え方を採用しています。

(4) **施工単位**……原状回復は毀損部分の復旧ですから、可能な限り毀損部分に限定し、その補修工事は出来るだけ最低限度の施工単位を基本としていますが、毀損部分と補修を要する部分とにギャップ（色あわせ、模様あわせなどが必要なとき）がある場合の取扱いについて、一定の判断を示しています。

第5章

承諾料の
法律問題と
紛争の解決事例

※承諾料は、無断転貸のように本来行ってはならないことについ
　て、賃貸人の承諾を得るために支払われる対価です。

・承諾料とは何か・その種類と実状…112
・承諾料の取り扱いとその相場………115

1 承諾料とは何か・その種類と実状

> 承諾料は禁止されていることを承諾してもらうための見返料
> で、賃借権の譲渡・転貸、増改築などで授受される。

１．承諾料とは

　これまでに何度ものべているように、賃借人にはいくつかの制約があります。たとえば、無断で建物の増改築をしてはならないとか、賃借権を譲渡・転貸してはならないといったことがそれです。あえてそれに違反すれば、契約を解除されることもあるわけです。

　しかし、このようなことは、無断でやってはいけないというだけであって、貸主が承諾をすれば問題ないことは、いうまでもありません。とはいっても、貸主としてもタダでは承諾しようとしないでしょう。つまり何がしかの承諾料を支払ってくれるならば、承諾してあげようということになるわけです。

　承諾料とは、そのようにして、貸主になんらかの承諾をしてもらうかわりに、借主が支払う一時金のことです。そのような承諾をすることが、貸主にとってがまんできないわけではないような場合に、貸主が承諾料をとって承諾するということになるわけです。

　承諾をすれば契約を解除することはできなくなりますが、訴訟までして明渡しを求めるよりも、承諾料をとって承諾して借主に使わせたほうが得だということもあるでしょう。その意味で、承諾料は、あくまで貸主・借主の互譲による合意の産物であるということになります。

２．承諾料の種類

　このような意味で、承諾料の種類はいろいろあることになります。要

112

第5章　承諾料の法律問題と紛争の解決事例

するに借主がもともと禁止されていることをしようとしている場合に、貸主に対してその許可（承諾）を求め、その代わりに支払うものは、すべて承諾料ということができるでしょう。具体的には、つぎのようなものが考えられます。

★いろいろな意味がある

① 賃借権の譲渡または転貸の承諾料　譲渡の承諾料は、ふつう「名義書替料」とよばれているものです。

② 増・改築の承諾料　借地上の建物の増改築の承諾料（特約がある場合）です。なお、借家の場合には、借家人が賃借建物を増築したり、一部改築することはもちろん禁止されています。しかしこの場合でも家主がこれを承諾すればかまわないわけで、そのことに対する承諾料ということも、考えられないわけではありません。

③ 通行承諾料　借地・借家の場合にかぎらず、ある人が他人の土地を通行する必要のある場合は、めずらしくありません。そして袋地などの場合には、権利として通行権がみとめられています。その場合には、隣地の所有者の承諾がなくとも通行できることになっています。

しかし、それ以外の場合には、権利として隣地を通行することができるのではありません。あくまで隣地の所有者の承諾が必要です。

たとえば、A地から公道に出るのには、B地を通行したほうが近道だというような場合がこれにあたります。このような事例は、借地・借家の場合にも少なくありません。地続きの土地を貸主が持っていて、そこを通行したほうが便利だという場合です。

このように、他人の土地を通行することを承諾してもらう代わりにお金を支払うというのも、承諾料とよばれています。借地・借家の場合に

は、その周囲に貸主所有の土地があることが少なくありませんから、このような意味での承諾料が支払われることもあるでしょう。

④　その他　このほかにも、承諾料としては、いろいろなものが考えられます。たとえば、スナックとして借りた店舗の借主が、夜遅くまで営業することを家主に承諾してもらう代わりに支払うお金も承諾料だということになります。要するに、借主が本来はしてはならないことを、貸主が承諾することの見返りとして支払われるお金は、すべて承諾料であるということになります。

◆承諾料の例　本文中の事例を表にまとめました

承諾料……不動産の賃貸借において、借主が禁止されていることをしようとする場合に、貸主に対して許可（承諾）を求め、そき代わりに支払う金銭のことです。

〔借地・借家の場合〕

賃借権の譲渡・転貸の承諾料……賃借権（借地権・借家権）の譲渡や転貸をする場合には、賃貸人（地主・家主）の承諾が必要で、その際に支払われるのが承諾料（名義書替料）です。承諾なしに譲渡・転貸すると一般的には契約の解除原因となります。

増・改築の承諾料……借地上の建物の増改築、あるいは借家の増築・一部改築する場合には賃貸人（地主・家主）の承諾が必要で、その際に支払われるのが承諾料です。承諾なしに増・改築をすると、一般的には、契約解除原因となります。

通行承諾料……袋地（公道に至る道がない土地）の場合は、権利として隣の通行権が認められますが、それ以外の場合は、隣地の所有者の承諾が必要で、その際に支払われるのが承諾料です。

〔借地の場合〕

借地非訟事件と承諾料……借地の場合に、地主が承諾しなかった場合、裁判所に地主の承諾に代わる許可を求めることができます。裁判所が許可する場合には、一定額の金銭の支払（承諾料に代わるようなもの）を命じるのが一般的です。（詳細は次頁参照）

第5章　承諾料の法律問題と紛争の解決事例

② 承諾料の取り扱いとその相場

> 承諾料の金額はケース・バイ・ケースだが、更地価格や借地
> 権価格を基に、その何パーセントといった具合に算出する。

１．借地非訟手続きとの関係

　後で借地非訟手続きの項目でのべるとおり、借地の場合には、地主が、建物の増改築や譲渡・転貸を承諾しなかった場合についての規定があります（198頁参照）。

　したがって、これらの場合には、承諾料の額などについて争いがあったとしても、最終的には、裁判での解決を求めることがあります。すなわち、裁判所が地主の「承諾に代わる許可」を出す代わりに、応分の「許可料」とでもいうべきお金の支払いを命じるわけです。このため裁判によらない場合でも、承諾料の額については、裁判での相場を参考にしてそれに準じることができます（もっとも逆に、裁判所が裁判外の相場を参考にしている面もあります）。

　これに対して、借家契約については、借地非訟のような手続きはありません。したがって参考となるような相場がないので、話合いによってきめることになります。ただし、この場合には、話合いが決裂しても裁判に訴えることができません。そのため家主があくまで拒否すれば、借家人としてはいくら高い金額を申し出ても、譲渡や転貸などをすることができなくなります。

２．承諾料の相場

　承諾料の額は当事者が話し合ってきめることになりますが、相場があるものについてはそれを参考とすることになります。

115

ここで簡単に説明しますと、

① 借地条件の変更（たとえば木造の建物を鉄筋コンクリートにするような場合）では、更地価額の1割前後がふつうです。低い例としては8パーセント、高い例では15パーセントとしたものもあります。

② 増改築の許可（建物が古くなったので建て替えるような場合）では、更地価額の3％前後がふつうですが、一部の増築や補修程度ならば1％ないし、1.5パーセントくらいを適当とすることもあるでしょう。

③ 借地権の譲渡の許可では、借地権価額の1割前後がふつうで、低い例では8パーセント、高い例では25パーセントのものがあります。なお他の場合には、更地価額の何割というようにきめられているのに、この場合には、借地権価額を基準としている点に注意してください。この種の事例では、借地権の代金がはっきりしており、借地人の受け取る代金額のうち、いくらを地主に支払うかというふうにして問題となるからです。

以上の場合以外には、先ほどものべたように、相場となるものは別段ありません。しかも、借地権の場合と異なり、借家の場合には「借家権の価額」というものを算定することがむずかしいので、基準となる金額さえないことになります。しいていえば、家賃の何か月分という形できめることになるのでしょうか。いずれにせよ、家主が拒絶すればそれまでで、裁判で解決する余地はありません。

最後に、承諾料の授受に際して交す書面の書式例を下に示します。

【書式15】借地条件変更の場合の承諾料

貸主は借主が本件借地上に後記表示の種類、構造、床面積による堅固な建物を築造すること並びに本件借地契約が堅固な建物の所有を目的とするものに変更されたことを承諾し、借主は貸主に対し右各承諾の対価として金〇〇円を支払い、貸主は本日これを受領した。なお本件借地権の残存期間は平成〇〇年〇月〇日まで延長することとし、地代は1か月金〇〇円に改定することとして、貸主、借主の双方はこれらを承認する。

第5章　承諾料の法律問題と紛争の解決事例

【書式16】増改築の許可の場合の承諾料

　　貸主は借主が本件借地上に後記表示の種類、構造、床面積による建物を新築することを承諾し、借主は貸主に対し右承諾の対価として金○○円を支払い、貸主は本日これを受領した。……以下右と同文。

　　　　（注）　ちなみに、前記書式15・16のような場合には借地人が建築する予定の建物の図面などを添付したほうが、よりよいでしょう。

【書式17】譲渡の場合の承諾料

　　貸主は借主が本件借地権および同借地上の建物を○○市○○乙野二郎に代金○○円にて譲渡することを承諾し、借主は貸主に対し右承諾の対価として右代金額の○○パーセントに相当する金○○円を支払い、貸主は本日これを受領した。

◆借地非訟事件手続き

　　借地非訟事件手続は、地主と借地人の利害の調整にのために設けられた訴訟以外（非訟）の手続で、譲渡・転貸などで地主が承諾しない場合に、裁判所が地主の承諾に代わる許可をするというものです。

　　借地非訴訟事件には以下のものがあります。

①　借地条件の変更で地主が承諾しない場合
②　増・改築の承諾を地主がしない場合
③　借地契約更新後の再築の承諾を地主がしない場合
④　建物の譲渡に伴う借地権の譲渡・転貸を地主が承諾しない場合
⑤　競売・公売に伴う借地権の譲渡について地主が承諾しない場合

　　裁判所は許可するに当たっては、通常、地主への財産上の給付等を命じます。この財産上の給付は、裁判をせずに当事者間で話し合いがついた場合の承諾料のようなものです。

３．承諾料問答①　改築の承諾料の正当性 ･･･････････

質問　建物を借りているのですが、風呂場が古くなったので、改築をしようと思います。ところが家主にこのことを申し入れたところ、「承諾料として50万円支払え」とのことです。私としては、自費で工事をするのですし、家主の迷惑になるわけではありませんから、50万円ものお金を支払うことには、納得がいきません。どうしたものでしょうか。

●**契約解除のおそれ**　問題は、あなたが改築工事を強行したとして、契約を解除されるおそれがあるかどうかです。つまりそのようなおそれがあるとすれば、それを防止するために、承諾してもらう必要があり、そうしてもらうためには承諾料を支払わなければならないということです。

　結論をいえば、ご質問のような事例ならば、承諾料は必要ありません。おっしゃるとおり、たんに風呂場がきれいになるだけで、貸主には何の不利益もないからです。この程度のことならば、貸主の承諾なしに工事をしても、契約を解除されるおそれはありません。

　ただし、そのことが原因で、貸主から訴訟でも起こされるのもやっかいです。最終的には勝訴するとしてもその間いやな思いをすることにもなります。

　ついては、工事費用の１割くらいを申し出て、それで応じないなら工事を進めるというくらいが、あるいは妥当であるかとも思います。

　ご質問の事例とはことなりますが、改築が貸主にとって不利益であるとすると、問題です。たとえば貸主の好みで日本間にしていたのを、洋間に改築するような場合がこれにあたるでしょう。そのような場合には、どうしても貸主に承諾してもらう必要があるわけで、そのために承諾料を支払うというのも、やむを得ないことになります。

４．承諾料問答②　転貸を認めるための承諾料 ･･････

質問　家を一軒借りているのですが、子供はなく、私と家内の老夫婦だけなので、ひっそりと暮らしています。ところがこのた

び甥が大学に入学して上京し、同居させてほしいとのことです。

　私としては空部屋もあるため大歓迎なのですが、大家さんにこのことを伝えたところ、「転貸になるのだから承諾料を支払いなさい」といいます。支払わなければならないものでしょうか。

●**無断転貸と契約解除**　前の問答と同じく、問題は契約を解除されるおそれがあるかどうかということです。結論をのべれば、そのようなおそれは少ないということになります。

　赤の他人に貸す場合とちがい、甥ごさんとのことですから、大家さんとしてもそれほど違和感はないものと思われるからです。ただし、絶対に契約解除のおそれがないともいえません。大家さんとしては、あなた方ご夫婦に貸したのであり、甥ごさんに貸すつもりはないともいえるからです。

　この問題は、入居者の人柄にもよります。つまり甥ごさんがまじめな学生であれば、大家さんとしても解除しづらいところです。反面、友人を連れて来て麻雀で騒いだり、酔ってあばれたりというのであれば、大家さんが解除したくなるのも、もっともだということになります。したがってあなたとしても、甥ごさんの人柄をよく見定めたうえで、ことをきめるべきでしょう。

　いずれにせよ、勝手に入居させて、無断転貸を理由に契約を解除されるおそれは残ります。

　したがって大家さんの要求する金額が、家賃の数か月分くらいのものであれば、これを甥ごさんに出してもらうなどして、支払ったほうが無難でしょう。逆に法外な金額を要求されたときは、しいて支払う必要はないと思いますが、解除のおそれがまったくないではありません。極力話し合いで減額してもらったほうがよいでしょう。

◆承諾料（まとめ）

	承諾料の意味・金額等	備　考
借地	意味⇒地主の承諾が必要な場合の対価 金額⇒話し合いにより決まる 相場⇒以下のとおり ①借地条件の変更⇒更地価格の1割前後 ②増・改築の許可⇒更地価格の3パーセント前後 ③借地権の譲渡の許可⇒借地権価格の1割前後	・承諾料は、地主の承諾が必要な場合にその承諾の対価として支払われるもので、どのようなことが地主の承諾を必要とするかをまず知ること。承諾なしに行うと、契約解除の原因となる。 ・承諾料については、類似の裁判例を調べたり、不動産業者に聞くのもよい。
借家	意味⇒家主の承諾が必要な場合の対価 金額⇒話し合いにより決まる 相場⇒なし（決める場合は「家賃月額の○か月分」などとなるようです） ※家主が承諾しなければ、それまでで、裁判で解決する余地はない。	・家主の承諾が必要な場合としては、①借家権の譲渡・転貸、②借家の増改築、③用法の変更（居住用から営業用など）などが考えられる。 ・無断で行うと契約解除の問題が生じる。 ・借地権とは異なり、裁判による解決法はないので、断られたらそれまで。
その他	相続において、相続人が借地権や借家権を相続したとしても、名義書替料（承諾料）を支払う必要はない。	

第6章

更新料の
法律問題と
紛争の解決事例

※借地借家契約は、賃貸人側に正当事由がなければ、通常、契約
は継続（更新）されます。この契約更新においては、更新料の
特約があり、それがあまりにも高額でなければ、賃借人は更新
料を支払わなければなりません（判例）。

- 更新料とは何か ……………………… 122
- 借地契約の更新 ……………………… 125
- 借家契約の更新 ……………………… 132
- 更新料とは何か・その実状は ……… 136
- 更新料をめぐる紛争と解決 ………… 141

1 更新料とは何か

> 更新料とは、契約期間が満了し、さらに借り続ける場合に、借主が貸主に支払うもので、法的には必ずしも支払義務はない。

1．更新とはどういうことか

　更新料についてのべるまえに、まずここで「契約の更新」について、ふれておきましょう。

　賃貸借契約には、期間の定めがあるのがふつうです。これは契約の存続期間ということであり、一定の期間がたつと、その期間が満了します。ところが期間が満了しても、契約は必ずしも終了するのではありません。その後も、さらに貸すことになるのがふつうです。これが契約の更新というものです。ただし、契約期間の満了で借地借家契約が終了する定期借地借家契約については、更新はなく、したがって更新料の問題もありません。

　更新の際には、賃料の額などの条件が改定されることが少なくありません。ただしこのような改定は、更新の際にしなくてはいけないというわけではありません。借地契約のように期間が何十年にもきめられている場合には、その期間の途中で何回も改定されています。また借家契約の場合でも、たとえば5年くらいの長い期間がきめられているときには、やはり途中で改定されているのが実情であるといえます。ただし2〜3年くらいの短い期間の場合には、更新のときだけに改定しているという例が多いようです。

2．期間の定め

　借家契約では、期間を定めないこともできます。この場合には、当然

その満了ということもないのですから、更新が問題となる余地がありません。

これに対して借地契約の場合には、前に権利金の項目でのべたように、期間の定めがないということはありません。期間を定めなかったときは、自動的に30年または60年（旧借地法下の契約で堅固な建物の所有目的）の長い期間になってしまうのです。

★よくモメることですが……

3．更新料問答①　合意更新と法定更新

質問　更新というのは、プロ野球の選手の契約更改のようなものなのですか。

●**契約の条件や内容の話し合い**　げんみつにいえば違いますが、似たようなものと考えてよいでしょう。

つまり、契約条件や内容の改定について話し合うわけです。

これがスムーズに行けばよいのですが、話し合いが決裂した場合にはどうなるかについて考えてみましょう。

まず賃料の改定については、すでに説明した賃料についての項目をみてください（26頁以下など参照）。話し合いがつかなければ、最終的には裁判できめるしかありません。

しかしながら、先ほどものべたとおり、賃料などの改定は、必ずしも契約の更新そのものとは関係ありません。契約が更新されるからといって、必ずしも契約条件が改定されるとはかぎらないということです。

前の契約と同じ条件のままで更新されることもあるのです。また先ほどものべたように、更新の際でなくとも、契約条件が改定されることも

あるのです。

質問 そうしますと、更新ということは、結局、どのようなことなのでしょうか。

●**引き続いて契約する** ひとくちでいえば「引き続き契約する」ということです。つまり、期間満了後に新たに貸すことにすること、これが更新です。

契約条件の改定は、その際についでに行なわれるものでしかありません。

それでは、新たに貸すかどうか、要するに更新するかどうかは、どのようにしてきめるかですが、これは当事者間で話合いがつけば、問題ありません。話合いがつくかどうかということには、契約条件の改定も影響してくるでしょう。

たとえば、貸主が満足するように条件が改定されれば、貸主も更新に応じるというふうにです。

このように、当事者間で話し合いによって更新することを、ふつう「合意更新」といっています。

質問 話合いがつかなければ、どうなりますか。つまり条件の改定について折り合わないで、話合いが決裂したような場合はどうなるのですか。

●**法定更新の問題** そのような場合のほかに、貸主の側で、今後は自分で使いたいので、貸すつもりはないという場合もあります。

要するに更新についての話し合いがつかないという点で共通するわけですが、このような場合には「法定更新」ということが問題となります。

すなわち、この法定更新は、自動的に更新されてしまうのですが、更新されないこともあり得ます。

更新については、借地や借家とでは、若干異なった規定がおかれていますので、以下の項では、そのことについて説明することにします。

124

第6章　更新料の法律問題と紛争の解決事例

2 借地契約の更新

> 更新のない定期借地契約については更新料の問題はないので、
> この項での解説は省略する。

1．借地契約の更新① 合意更新

　当事者が話し合いのうえ契約を更新することを、合意更新ということは前にのべました。地主と借地人の関係がうまくいっているときには、合意で更新されることが多いでしょう。また実際にも、合意更新が更新される場合のかなりの割合をしめているものと思われます。合意で更新される場合には、更新料という名目で借地人がいくらかのお金を地主に支払うことがありますが、これについては後に説明します。

　なお、合意更新の場合には、賃料などの契約条件についても当事者の話合いで自由にきめることができます。ただし、存続期間については、最短期間の制限があります。すなわち、借地借家法によって10年（ただし最初の更新にあっては20年）よりも短い期間をきめることはできません。これよりも短い期間、あるいは期間がきめられなかったときは10年（最初の更新時は20年）となります。また、更新される借地契約が旧借地法の時に締結されたものならば、鉄筋コンクリート造など耐久性のある堅固な建物の場合は30年、木造などの非堅固な建物の場合は20年よりも短い期間にすることができないことになっています。

2．借地契約の更新② 黙示の更新

(1) 黙示の更新とは

　借地契約の期間が満了しても、借地人がそのまま土地を使用し続けており、一方、地主の方でもそのことを放置しているという例はめずらし

125

くありません。このような場合には、自動的に契約が更新されてしまいます。もともと法定更新には三つの種類がありますが、これはもっとも簡単なものでしょう。地主が黙っているだけで更新されてしまうので、これを「黙示の更新」といいます。黙示の更新が成立した場合、契約は従前と同じ条件で再発足することになります。なお期間は、合意更新の箇所でのべたことがあてはまります。

★キチンと手続きしなければ……

(2) 地主の異議

これに対して期間満了後すぐに地主が異議をのべれば、黙示の更新は成立しません。この「すぐに」とはどれくらいの期間かといいますと、事情により多少の幅があります。1か月以内くらいなら問題ありませんが、3か月とか4か月となりますと「遅すぎる」ということで異議が通らないこともあります。

異議ののべ方は、要するに「今後は貸しません」と借地人に伝えればよいのです。口頭でも効力はありますが、念のため内容証明郵便でやったほうがよいでしょう。

(3) 建物があるとき

借地上に建物が建っているときは、ただたんに異議をのべただけでは、黙示の更新を阻止することはできません。つぎにのべるような「正当事由」が必要です。正当事由がないのに異議をのべても契約は自動的に更新されてしまうのです。

<u>正当事由</u>とは、地主の側でどうしてもその土地を自分で使う必要性が

あるとか、借地人の側ではその土地を使う必要がないなどの事情をいいます。

地主が自分で使う必要性があるとしても、少々のことではなかなかこの正当事由はみとめられません。すなわち、かなり切実な場合でなければならないのです。

紛争ケース① 地主の長男が病院を開業

ＡさんはＢさんに土地を貸していましたが、このたび20年の期間が満了しました。その土地の上にはまだＢさんの建物が建っていますが、Ａさんはこの機会に土地を返してもらおうと思っています。

というのも、Ａさんの息子は医者で病院に勤務しているのですが、独立して開業したいと希望しており、そのための土地がないからです。問題の土地は住宅街にあり、病院用地として最適なのでＢさんからその土地を返してもらえば、立派な病院が建つことでしょう。

一方、Ｂさんのほうでは、その土地以外にもたくさん土地を持っており、一部に貸家を建てて人に貸しています。この貸家の一つが空いており、しいてＡさんの土地に住み続ける必要はない状況です。

そこでＡさんは、Ｂさんとの間の借地契約の期間が満了したのと同時に、〔書式18〕のような内容証明郵便をＢさん宛てに出しました。

【書式18】期間満了に伴う土地明渡しの申入れ

> 貴殿に対し○○市○○所在の宅地○○坪を賃貸しておりましたが、このたびその期間が満了致しました。かねてより申し入れておりましたとおり、上記土地は私の長男Ｃの開業する病院用地として使用する計画でおります。
>
> つきましては、貴殿との間の前記借地契約は更新せずに終了させたいと思いますので、上記土地上の貴殿所有の建物を収去されたうえ、上記土地を明け渡してください。

これに対してＢさんは、「借地契約とは当然に更新されるものだ」と
いって、明け渡しには応じません。何度か交渉を重ねた後、Ａさんはつ
いにＢさんを相手に、明け渡しを求める訴訟を起こしました。

　この訴訟は、Ａさんの勝訴に終りました。Ａさんの更新拒絶には正当
事由があるとみとめられたのです。その際にＡさんの長男の病院開業計
画や、Ｂさんの側の事情が考慮されたことは、いうまでもありません。

3．借地契約の更新③　借地人の請求　・・・・・・・・・・・・・

(1)　借地人の請求とは

　前にのべた黙示の更新は、地主が黙っていたときについてのものでし
た。しかし借地人としては、地主が黙っていれくれるのを待つというの
では消極的です。そこで借地借家法（旧借地法）は、借地人の側から積
極的に更新を求められるようにしました。この更新請求は、つぎの要件
があればすることができます。

　①　借地契約の期間が満了したこと。

　②　借地の上に建物があること。

　③　借地人が期間満了後すぐに地主に対して更新を請求したこと。

　——以上の三つです。なお③の更新手続のやり方は、要するに「今後
も土地を借り続けたい」という意味のことを地主にいえばよいのです。
口頭でも効力はありますが、後日のために内容証明郵便でやったほうが
よいでしょう。下にその書式例を示します。

【書式19】借地人の契約更新の請求

> 　私は貴殿より○○市○○所在の宅地○○坪を賃借しており、このたび、
> その期間が満了しましたが、私は今後も同一の条件で上記土地を賃借致
> したく、本書をもって契約の更新を請求致します。

　借地人がこのような更新請求をすると、契約は自動的に更新されます。
その結果、前と同じ条件で契約が再発足することになります。もっとも、

わざわざこの更新請求をしなくとも、借地の上に建物があれば、前にのべた「黙示の更新」が成立することが多いでしょう。地主がそれを阻止するには「正当事由」が必要ですが、正当事由がみとめられるケースは現状では少ないからです。したがって、この更新請求が行なわれる事例は、それほど多くありません。

(2) 地主の更新拒絶

この更新請求に対しては、地主は正当事由がある場合にだけ、更新拒絶をすることができます。しかも更新拒絶は、借地人からの更新請求を受けた後、すぐにしなければなりません。

４．借地契約の更新④　建物の再築 ・・・・・・・・・・・・・・
(1) 建物の再築とは

以上は期間が満了した場合の更新についてでしたが、法定更新のなかには、期間途中で更新されるものがあります。それは、期間途中で建物が滅失し、やむをえず借地人が建物を再築した場合です。

火災や地震あるいは借地人による取りこわしで建物が滅失した場合、借地人は建物を再築することを希望するのがふつうでしょう。住むのにも困ってしまいますし、また前にのべたとおり、後日、期間が満了した時に地上に建物がないと、更新されないおそれが大きくなるからです。

なお増改築禁止の特約がないときには、借地人は自由に再築することができますし、その特約がある場合には、裁判所の許可があれば再築できます（後でのべる借地非訟手続きについての項目・198頁をみてください）。

いずれにせよ、期間の途中で建物が建てられたときは、その耐用年数は期間満了後にも及ぶのがふつうでしょう。そうすると、期間が満了しても契約が更新されない場合、つまり正当事由があって地主が更新拒絶や異議を出した場合には、借地人としては、まだ耐用年数の残っている建物を取りこわして土地を明け渡さなければならなくなってしまいます。それでは社会的にも不経済です。

そこで借地借家法は、このような場合には、借地権設定者が再築を承諾するか、または再築の通知を受けてから2か月以内に異議を述べなかったことを条件として契約の期間が20年延長されるものとしました（旧借地法の下で締結された借地契約の場合は、堅固な建物については30年、非堅固な建物については20年延長されます）。

(2)　地主の異議

　建物の再築は、借地人側の都合によるものです。それで自動的に期間が延長されてしまったのでは、地主に不利益です。たとえば、明渡しの正当事由にあって、地主が当初の契約期間の満了時には更新拒絶を予定していたとします。それが一方的に期間を延長されてしまうのでは、地主としても土地使用の計画をたてることもできません。

　そこで地主は、借地人が契約の残りの期間を超えて存続する建物を建てたときは、異議を出すことができることになっています。この異議は、建物再築後2か月以内に出さなければなりません。なおこの異議は、他の場合の異議や更新拒絶とちがって、正当事由など特別の事情は必要ありません。ただ「建物の再築には異議がある」とだけいえばよいのです。その例を〔書式20〕に示しましょう。もちろん後日のため内容証明郵便でやるべきです。

【書式20】建物再築に対する地主の異議申立て

> 　かねてより貴殿に対し○○市○○所在の土地を賃貸しておりましたところ、平成○○年○月○日右地上の建物が火災により滅失しました。その後貴殿は上記地上に建物を再築されましたが、私はこれに対し本書面をもって異議をのべます。

　この異議が出されたときは、借地契約の期間が延長されることはありません。したがって当初の期間が満了したときに、合意更新や法定更新が問題となります。

その時に借地上に建物が建っていれば、地主は正当事由がないかぎりは、法定更新に対し異議をのべたり、更新拒絶をすることはできません。そのことについては、前の２つの法定更新についてのべたことがそのまま当てはまります。

５．法定更新排除の特約

借地の場合には、以上にのべた３つの法定更新がありますが、契約の中にこれを排除する特約を入れることはできません。もし入れたとしても、そのような特約は無効とされています。

★この約束には無理がある

たとえば「本契約は期間満了時に終了することとし、更新に関する借地借家法の適用はないものとする」とか、「更新は絶対みとめない」などの特約があったとしても、それは無効です。法定更新についての規定は借地人を保護するためのものなのでこれを骨抜きにすることを防止しようというわけです。この場合は、契約期間の満了で当然に契約が終了（更新はない）する定期借地契約をなすべきです。

用語解説 　定期借地契約・定期借家契約

※**定期借地契約**……定期借地契約は更新はなく、契約期間の満了で契約が終了する借地契約です。したがって更新の問題も更新料の問題も生じません。

※**定期借家契約**……定期借家契約は更新はなく、契約期間の満了で契約が終了する借家契約です。したがって定期借地契約と同様、更新の問題も更新料の問題も生じません。

3 借家契約の更新

> 更新のない定期借家契約については更新はないことから、この項では解説は省略した。

1．合意更新

　借家契約の場合でも、当事者が話し合いのうえ、契約を更新するというのがふつうです（定期借家契約では更新はない）。その場合には、家賃などが増額され、期間については前と同じだけきめられるということが多いでしょう。ただし、更新の際に賃料を据え置くこともできますし、1年以上の期間であれば前の期間よりも短くすることも、また長くすることも自由です。

　なお家賃が上がった場合には、それを担保するための敷金も増額されるのがふつうです。

2．法定更新

　期間の定めのある借家契約で、合意更新の話がまとまらないときは、法定更新が問題となります。

　そのような場合に、話し合いがまとまらないままに期間が満了したときは、契約は自動的に更新されます。これを法定更新といいますが、合意更新とちがって、家賃などの条件は当然には改定されません。なお法定更新の後は、その契約は期間の定めのないものとなります。したがってその後は更新が問題となることはありません。

3．家主の更新拒絶の通知

　家主が法定更新を阻止するためには、つぎのような要件を満たした更

132

新拒絶の通知を出さなければなりません。

① 正当事由があること（これについてはあとで説明します）。

② 期間満了前6か月以上1年以内に更新拒絶の通知を出したこと。

この二つの要件を満たせば、家主は更新を拒絶することができます。なお右の②の「6か月以上1年以内」というのは、その間に通知が届かなければならないという意味です。したがって期間満了前5か月と25日に届いたのでは遅すぎますし、また1年と2日前に届いたのでは早すぎるわけです。この期間は、借家人の側に引越先を探させるための準備期間だというわけです。

4．正当事由

ここでいう正当事由も、借地契約の場合と同じように、家主がその建物を自分で使用する切実な必要性があるということです。

もっとも借地の場合よりは若干ゆるやかに判定されているようです。たとえば、家主の息子がその建物で営業をする必要があるという前に紹介した〔紛争ケース①〕（127頁）類似の場合のほか、娘むこを迎えて同居したい、あるいは別居中の親を引き取りたいのだけれど、現在住んでいる建物では狭すぎる場合とか、親せきで家のない者がおり、その建物に住まわせてやりたいというような事例で、正当事由がみとめられてい

【書式21】借家の更新拒絶の通知の例

> 貴殿に対し○○市○○所在の家屋一棟を賃貸しておりますところ、来たる平成○○年○月○日にその期間が満了することになっております。
> ところで私の現在居住している建物は、○○市○○所在の私の勤務先に遠く、通勤時間に3時間を要し、一方貴殿に賃貸中の建物はこれと至近距離にあります。つきましては上記建物は私が自分で使用致したく、貴殿との間の前記賃貸契約は更新しないものと致しますので、期間満了後は立ち退いてください。

ます。

　正当事由がみとめられたうえ、前述の要件を満たした更新拒絶の通知が出されたときは、契約は更新されずに終了します。したがって家主は借家人に対し、その建物からの立退きを求めることができます。なお〔書式21〕（前頁参照）に、更新拒絶の通知の例を示しましょう。

5．解約の申入れ

　更新とは関係ありませんが、ついでに解約申入れについてもふれておきましょう。解約申入れというのは、期間の定めがない借家契約を終了させるための方法です。つまり期間がとくにきめられていない場合には、期間の満了ということもなく、したがって更新あるいはその拒絶ということもありませんから、放っておけば契約はいつまでも続いてしまいます。それを終了させるために、契約の解約を申し入れるわけです。

★あまり自分勝手な考えはできない

　解約申入れをするには、つぎの要件を満たさなければなりません。
　①　期間の定めのない借家契約であること。
　②　正当事由があること。
　③　6か月以上前に、解約の申し入れをしておくこと。
　——以上の三つです。

　①については、契約事項のなかに期間についてきめてある条項がない場合です。法定更新された後の契約も①にあてはまります。②については、家主の更新拒絶の場合と同じに考えてよいでしょう。また③についてですが、更新拒絶の場合とちがって、遅すぎて間に合わないというこ

・第6章　更新料の法律問題と紛争の解決事例

とはありません。いま通知を出しておけば、6か月後にはそれが効力を生じるということであり、ある時点の6か月前まえにそれをしなければならないというわけではないからです。

6．法定更新排除の特約 ・・・・・・・・・・・・・・・・

　借地の場合と同じく、借家の場合でも、法定更新を排除する特約は無効とされます。これは解約申し入れについてもいえます。つまり、正当事由がなくても解約申し入れができるという特約は許されないのです。したがって、たとえば「子供ができたら出て行く」というような特約は無効です。

◆借地借家法の更新拒絶（正当事由の要件など）の参照条文
（借地契約の更新拒絶の要件）
第6条　前条〈借地契約の更新請求等〉の意義は、借地権設定者および借地権者（転借地権者を含む。以下この条において同じ。）が土地の使用を必要とする事情のほか、借地に関する従前の経過及び土地の利用状況並びに借地権設定者が土地の明渡しの条件として又は土地の明渡しと引換えに借地権者に対して財産上の給付をする旨の申出をした場合におけるその申出を考慮して、正当の事由があると認められる場合でなければ、述べることができない。
（建物賃貸借契約の更新拒絶等の要件）
第28条　建物の賃貸人による第26条第1項の通知又は建物の賃貸借の解約の申入れは、建物の賃貸人及び賃借人（転借人を含む。以下この条において同じ。）が建物の使用を必要とする事情のほか、建物の賃貸借に関する従前の経過、建物の利用状況及び建物の現況並びに建物の賃貸人が建物の明渡しの条件として又は建物の明渡しと引換えに建物の賃借人に対して財産上の給付をする旨の申出をした場合におけるその申出を考慮して、正当の事由があると認められる場合でなければ、することができない。

4 更新料とは何か・その実状は

> 借地の更新料の相場は借地権価格の5～10パーセント、借地は賃料の1か月分ぐらい。ただし、地域により異なる。

1. 更新料とは

借地契約にせよ、借家契約にせよ、契約の期間が満了して更新される際に、借主から貸主に対し、更新料の名目で一時金が支払われることが少なくありません。

しかしこの更新料については、法的根拠はなく、支払わなくても契約違反にはなりません（特約あれば別）。一般的にいって、更新料とはつぎのような理由で支払われているようです。

① 不足賃料の一括前払い　地代家賃についての項目でのべたように、賃料を地価あるいは物価に比例して値上げするのは、結構やっかいなものです。長い間には、徐々に相対的に安くなってしまうというのがふつうです。そこで契約を更新する際、貸主が将来の賃料について、適正な額と実際の額との差額を先取りしたいと考えても、ふしぎではありません。前に権利金についての項目で賃料の先払いとしての性質を持つものがあるとのべましたが、このように考えれば、更新料にも同じような性質があるといえるでしょう。

なお、このような意味での更新料は、借地の場合に多いでしょうが、借家でも期間の長いものについてはあてはまることが多いでしょう。ただしこれは、あくまで合意による支払です。

② 更新拒絶を回避するための保険料　借地借家いずれの場合にも、法定更新という制度があります。これによれば、借主は半永久的に住み続けることができます。だが、前にのべたとおり、正当事由があれば更

第6章 更新料の法律問題と紛争の解決事例

新を拒絶されることもあり得ます。とはいっても、正当事由があるかどうかということは、訴訟になってみなければはっきりしません。逆にいえば借主としては、もし貸主が訴訟を起こして更新拒絶がみとめられたときは出て行かなければならないという不安のもとに、更新の時期を迎えるのです。

ところが更新料を支払って貸主と同意のうえ更新すれば、このような不安はなくなります。もしその契約に正当事由がないならば、

★どうしたらよいでしょうか？

そのような更新料はムダだということになります。しかし逆に正当事由ありとして訴訟に負けること、そしてそれにより出て行くことにくらべて考えるものです。このようにして、更新拒絶の不安をなくすために、いわば保険料として更新料が支払われることも少なくないようです。ちなみに、借主の側に無断転貸などの契約違反があるときは、そうでない場合とくらべて、より正当事由がみとめられやすい傾向にあります。そのような違反をした借主としては、そうでない借主とくらべて、より「保険料」を支払って安心したいと考えるでしょう。そのため更新料を支払うことも多いようです。

一方、貸主の側では、更新料を受け取らずに、更新拒絶をすることも自由です。とはいっても、いざ訴訟になれば、必ずしも正当事由ありとして更新拒絶がみとめられるとはかぎりません。むしろそれはむずかしいといってもよいでしょう。そのため、目的物を返してもらえることにくらべれば不満はあるけれども、更新料を受け取ってがまんしようということになるわけです。

２．更新料支払いの実状 ● ● ● ● ● ● ● ●

　借地の場合には、更新料が支払われる事例は、大都市で６割強にのぼっているそうです。地方での統計はありませんが、大都市ほどではないにしても、その影響を受けていることが想像できます。

　これに対して借家の場合には、更新料が支払われている事例がより多いようです。とくにマンション、あるいは営業用のビルの賃貸借では、ほとんどの場合に更新料が支払われているとのことです。

　また更新料の額についてですが、借地の場合で、借地権価額の５パーセントないし10パーセントくらいがふつうのようです。

　なお借地権価額は、更地（建物の建っていない土地）価額の６割から８割くらいで、商業地域ほど割合が高くなっています。したがって更地価額からみると、３パーセントから８パーセントくらいが借地更新料の相場ということになるでしょう。

　借家の場合には、期間により異なります。つまり期間が長いほど、更新料も高くなるわけです。統計的な資料はありませんが、筆者の経験では、期間２年の場合で、家賃１か月分くらいというのが相場なようです。

３．更新料問答② 　更新料は支払わなければならないのか
● ●

　質問　私は祖父・父の代から更新、更新で土地を借りていますが、こんど期間が満了することとなり地主さんから更新料として100万円を支払うよう請求されました。ところが、知人に聞いたところによると、更新料というものは支払う必要がないとのことです。もちろん、これにこしたことはないのですが、相手もあることだし、私としては、支払わなければならないものなら支払いに応じるつもりですが、その必要がないということになると考えてしまいます。

●**契約書の内容次第**　まず契約書があればそれできまりますが、祖父そして父の代からの古い契約であれば、契約書はないでしょう。そのまま

20年ごとに更新して現在に至っているものと思われます。

あなたのお父さんの代から相場並みの更新料を支払っていたようですが、更新料は支払う必要がないというのが判例の態度です。ただし例外があって、契約の中に「更新料を支払う」という特約がある場合には、支払わなければなりません。

あなたの場合は、むずかしいところですが、過去に何度も更新料を支払ってきたようですから、そのような特約があると認定されるかもしれません。そうだとすると、やはり支払う必要があることになります。

質問 地主さんは、支払わなければ訴訟を起こすといっていますが、それでは勝ち目はないでしょうか。

●**裁判所の態度は否定的** いや、そうとはかぎりません。裁判所の態度は、更新料について否定的だからです。したがってあなたの事例についても、そのような特約はないと認定されるかもしれません。

その場合には、過去に支払ってきた分は、支払う必要のないのに支払ったお金だ（非債弁済といいます）ということになるでしょう。

つまり、いままでの支払いが、理由もないものだったということです。もっとも、更新が20年ごとという話ですので、これは時効にかかっていますから、いまさらそのお金は返せとはいえません。

質問 私としても、過去の分を返してもらうつもりはありません。問題は今回の更新料ですが、訴訟での勝敗の見通しがたたないのですが、こんな場合、どうしたらよいでしょうか。

●**更新料の相場は** 訴訟で争って、裁判所に結論を出してもらうのも一つの方法でしょう。またそうするのがいやならば、適当な金額を支払って解決したらよいと思います。この場合、支払うとしたら、いくらくらいが適当だろうかですが、更新料の相場は、更地価格の３パーセントから８パーセントくらいです。ただしこれは支払う必要のある場合のことで、あなたの場合にはその必要があるかないかがはっきりしていません。そのため、若干低い金額でよいと思います。したがって、もし更地価格が2000万円としたら、下の方の３パーセントで60万円、あるいはそれ

を割り引いて2パーセント40万円くらいを地主に申し入れてみたらいかがでしょうか。

4．更新料を支払うという特約

　この例からもわかるように、更新料を支払うという特約は有効とされています。このことは、更新料についての特約がなければ、更新料の請求はできないことを意味します。

　なお、大阪高裁などでは、消費者契約法10条（消費者の利益を一方的に害する行為の無効）に反するので無効とする判決が出でいましたが、この問題に関して、最高裁判所の判決は消費者契約法10条には違反せず特約は有効としました。ただし、判決の中で、高額すぎるなどの事情があれば無効としています。

　これは法定更新を排除するような特約とくらべれば、借主にとって、それほど不利益であるとはいえないからです。もちろんこのことは借地の場合だけではなく借家の場合についてもあてはまります。

　したがって、これから貸す立場にある人は、契約書のなかにそのような特約を入れておくほうが有利だということになります。また、すでに貸している人でも、更新などの機会に、このような特約を入れてもらうように交渉してみてよいと思います（逆に借主の側からは入れないほうが有利であることはもちろんです）。なお、このような特約の具体的な書式については、つぎの項目をみてください。

　ちなみに、そのような特約を入れる場合には、特定の金額を定めるのは考えものです。将来のインフレを考慮して、たとえば「更新時の賃料の〇か月分」というようにきめたほうがよいでしょう。

第6章　更新料の法律問題と紛争の解決事例

5 更新料をめぐる紛争と解決

更新料のトラブルの大半は、更新料を支払う契約がないのに、
貸主が更新料を請求した場合に起きる。

1．更新料をめぐる紛争

　更新料をめぐる紛争は少なくありません。地主や家主のほうではこれ
を支払えと要求しますし、借主のほうではこれを拒否するからです。争
いが裁判所にまで持ちこまれることも、珍しくありません。

　これに対する裁判所の態度は、以前は明確でなく、なかには「更新料
を支払うのは慣習できまっているので特約がなくとも支払義務がある」
という積極的な判決が出されたこともありました。ところが昭和51年
の最高裁判所の判例によれば、更新料を支払うという慣習はないので、
借主にはその支払義務はないということになりました。それ以後の裁判
所の態度は、更新料については否定的な雰囲気です。

　ただし、契約の中に更新料を支払うという特約があれば、支払義務が
あるとされています（消費者契約法に違反し無効とする判例が出されていました
が、最高裁は有効とした）。ところが借家の場合にはこのような特約が入っ
ていることが多いのですが、借地の場合にはあまりありません。そのた
め、借家の場合には家主に有利に、借地の場合には借地人に有利に、そ
れぞれ紛争が解決されている傾向にあるようです。

　そこでそのような特約についてですが、借家の場合には家賃の1～2
か月分とか、保証金の1割程度の金額を更新料としてきめることが多い
ようです。また借地の場合にはあまり例がないのですが、たとえば地代
の何年分というような決め方になるでしょう。

　〔書式22〕〔書式23〕に、そのような特例の例を示しておきます。

141

【書式22】更新料の特約の例（借家の場合）

> 本契約の期間が満了したときは、借主は満了時の家賃1か月分を貸主に支払ったうえ、契約を更新することができる。

> 本契約の期間が満了したときは、借主は保証金の一割に相当する金額を貸主に支払ったうえ、契約を更新することができる。

【書式23】更新料の特約の例（借地の場合）

> 本契約の期間が満了してこれを更新するときは、借主は貸主に対し更新料として地代〇年分を支払わなければならない。

　なお借地の場合に、裁判所が更新料について否定的な態度でいることは前にのべました。そのため、更新料の代わりに別のことばを使ったほうがよいかもしれません。たとえば「不足地代の前払い金」のようにです。ただし、ことばを変えてみても実体が伴わないのでは意味がありません。

　前記の例でいえば、契約中の間の地代は、前払いを受けている分だけ相場よりも安くしなければなりません。

２．更新料をめぐる紛争と解決 ・・・・・・・・・・・

　更新料を支払うという特約がない場合には、借主はそれを支払う必要がありません。しかし、貸主のほうとしてはそれではおさまらないことが多いでしょう。とくに期間の長い借地契約の場合には、なおさらです。というのも、期間中の賃料の値上げが思うにまかせなかった結果、契約当初よりもだいぶ条件が悪くなっているからです。

　そこで特約がない場合でも、貸主が更新料を要求する事例は少なくありません。ところが借主のほうでは支払う必要がないとのことで、それを拒否する結果、紛争になるのです。この争いは、今でも多く起きてい

ます。

　このような更新料を支払うという特約のない紛争は、その時点で借主が有利です。判例が更新料の支払義務を否定していますから、いざ訴訟に持ちこめば勝てる見込みがはっきりしているからです。

　しかしながら、借主の地位は強いとはいっても、不安定な一面も持っています。契約違反があれば解除されてしまいますし、正当事由ができると契約を打ち切られるおそれもあるからです。更新料を

★これからも仲よく……

支払ってもらえなかった貸主としては、なんとかこのような借主の弱点をついて、契約を終わらせようとするかもしれません。

　いずれにせよ、更新料の支払いを拒絶したことがきっかけとなって、貸主と借主との関係がまずくなり、険悪な雰囲気になることも少なくありません。すなわち貸主としては、その後はひんぱんに賃料の値上げをするようになり、借主のほうではそれを争い、供託するようになることもめずらしくないのです。

　このように考えれば、むしろ適正な額の更新料を支払ったほうが、貸主との関係を親密に保つという意味からはよいといえるかもしれません。また長い目でみれば、安心して住んでいられるという意味で、むしろ得策であるともいえるでしょう。

　このように考えれば、更新料は貸主と借主との関係を円満に保つための「潤滑油」であるということができると思います。

　もちろん、そのようには考えずに、「法律的に支払義務のないものは一切支払わない」と割り切るのも、一つの考え方です。また貸主の中には、明け渡させることばかり考えていて、親密な関係を持つつもりなど

はじめから持っていない人もいます。このような人が相手であれば、む
しろ支払義務のない更新料を支払わないほうがよいということになるで
しょう。

ちなみに調停などの実状では、更新料の支払義務うんぬんということ
から離れて、和解金などの名目で一時金を支払うように勧めることが少
なくありません。

調停という手続きは、必ずしも法律の理屈どおりに進める必要はない
からです。

◆更新料（まとめ）

	更新料の意味・金額等	備　考
借地	意味⇒借地契約の更新に際し、特約がある場合に借地人から地主に支払われる一時金 金額⇒特約により決まる 相場⇒更地価格の３〜８パーセント程度 ※定期借地は、契約期間の満了により契約は終了し更新はなく、更新料もない。	・更新料については、法律の規定はなく、最高裁判所は更新料についての特約を有効としている。したがって、特約がなければ、更新料の支払義務はなく、特約があれば支払義務がある。 ・相場などからみて、高額すぎるなどの場合は無効となる。
借家	意味⇒借家契約の更新に際し、特約がある場合に借家人から家主に支払われる一時金 金額⇒特約により決まる 相場⇒月額賃料の１〜２カ月分だが、更新料なしもある ※定期借家は、契約期間の満了により契約は終了し更新はなく、更新料もない。	・更新料についての考え方は、借地の場合と同じ。

144

第7章

立退料の法律問題と紛争の解決事例

※立退料は、土地や建物を明け渡してもらう場合に、貸主から借主に提供される金額のことで、明渡料、明渡金という場合もあります。

- 立退料とは何か・その実状は ……… 146
- 契約解除と立退料 …………………… 149
- 正当事由の補強と立退料 …………… 153
- 立退料の具体的金額が算出された事例 ‥ 156

① 立退料とは何か・その実状は

> 立退料は、土地や建物を明け渡してもらう場合に、貸主から借主に提供される金銭。

1．立退料とは

　立退料ということばは広く使われていますが、実は法律上の用語ではありません。したがって、その意味はとてもあいまいであり、いろいろな含みを持って使われています。なお居住者が出て行くことを「立退き」といいますが、「明渡し」ということばもあり、その際に授受されるお金も、「明渡料」「明渡金」あるいは「立退料」などとよばれますが、ここでは「立退き」「立退料」ということばで統一したいと思います。

2．立退料のきめ方

　たとえば敷金があまっているような場合には、貸主は明渡し完了と引き換えにこれを借主に返さなければなりません。このことは契約当初からきまっていたことであり、いわば当然のことです。

　これに対して、立退料の支払いということは、契約の当初から予定されていたことではありません。契約当初の時点では「契約が終了すれば出て行く」ことは当然であると考えられていたはずであり、立退料というものは予想されていなかったことなのです。

　立退料が問題となる場合の多くは、契約が終了してからのことです。契約が終了すれば、借主は本来なら立ち退かなければなりません。ところが現実問題として立ち退かない場合には、貸主としては訴訟にかけて判決をもらったうえ、強制執行の手続きにより、強制的に立ち退かさなければなりません。しかし、それには時間と手間、それに費用がかかっ

146

てしまいます。

そこで貸主のなかには、このような手続きをとる代わりに、立退料を払ってでも自主的に立ち退いてもらおうという人が出てきます。一方、借主の側でもどうせ出て行かなければならないのなら、立退料をもらったほうが得です。このようにして、立退料の多くは、契約終了後の話合いできめられているのです。

もっとも、立退料がきめられるのは、このような場合、つまり本来は立ち退かなければならないという場合だけにかぎられるわけではありません。

いいかえれば、借主としては何の落ち度もなく、契約もまだ継続しているといった場合でも、立退料が支払われることもあります。

つぎのようなケースがそれです。

★こんなスムーズなことは珍しい

紛争ケース① 双方の利益になる解決

AさんはBさんに建物を貸しています。その建物の敷地もAさんの所有なのですが、最近ある人から、その土地を更地で売ってほしいとの申し入れを受けました。場所的な関係上どうしてもほしいとのことで、代金については相場の2倍まで出すそうです。

Aさんとしては、とても有利な話なのでこの際売ってしまいたいのですが、困ったことに土地の上の建物にはBさんが住んでいます。Bさんは毎月きちんと家賃を入れており、契約を解除する理由はなにひとつありません。したがって、このままでは、更地として売ることはできませ

ん。

そこでAさんは、相場よりも高く売れる代金の一部をBさんに提供したうえ、自主的に立ち退いてくれるよう申し入れました。Bさんとしては、近くに貸家はいくらでもありますから、不利な条件ではありません。結局Bさんは、引越料の実費20万円に加えて、立退料としてその家賃の３倍の金額のほか、新居を借りるのに必要な費用の一切をもつことで、Aさんの申し入れに応じました。

この場合、Aさんとしては土地が高く売れましたし、Bさんとしても引越料実費以外のお金をもらいましたので、双方とも得をしたことになりました。立退料が支払われるのは、このように借主に何の落ち度もない場合もあるのです。なおAさんは、できるだけのことをしてあげるべきです。たとえば、Bさんの気に入るような貸家をさがして、家主と交渉するとか、引越屋さんを世話するとかがそれです。Bさんに何の落ち度もない以上、そのくらいのことはしてあげるべきだからです。

◆借家権・借地権の鑑定評価

立退料の補償内容には、①移転費用、②営業権の補償、③借家（借地）権の補償があります。ただし、この金額は賃貸人、賃借人の双方の事情などを考慮して決まりますので、結局はケース・バイ・ケースということになります。

上記のうち、③の借家（借地）権の鑑定評価は以下のとおりです。

■借家権の鑑定評価　借家権の鑑定評価には、①収益還元方式（差額賃料還元方式）、②割合方式、③収益価格控除方式、④批准方式の４つがあり、一般によく利用されているのが②の割合方式です。これは、次の計算式によって算出します。

（土地価格×借地権割合×借家権割合）＋（建物価格×借家権割合）

■借地権の鑑定評価　（土地価格×借地権割合）

なお、上記方式はよく利用されている方式ですが、裁判ではこの方式によらない例も多々あります。

※借地権割合…６割ないし８割程度　借家権割合…２割ないし４割程度

第7章　立退料の法律問題と紛争の解決事例

② 契約解除と立退料

契約違反による契約解除の場合でも、明渡しをスムーズにするために立退料が提供されることがある。

1．契約解除とは

　前にものべたように、立退料の多くは、契約の終了後に問題となります。そして契約の終了する原因は、主として契約解除ですから、契約解除の場合の多くには、立退料の問題がつきまとうことになります。

　ところで、契約を解除して立退きを求めるといっても、いろいろな段階があります。はじめにのべたように、強制執行はもちろん、訴訟さえしていない段階での話が持ち出される場合もありますが、それだけではありません。訴訟の途中で問題となることもあれば、訴訟が終わってからもまだ問題となることもあるのです。それではつぎに、一つのケースを通じて、立退料が問題になるいろいろな段階について説明しましょう。

紛争ケース② 家賃を滞納しはじめた

　①　AさんはBさんに建物を貸しました。Bさんは毎月きちんと家賃を入れています。——この段階でAさんがBさんに出て行ってもらったのが〔紛争ケース①〕（147頁）の事例でした。でもこのケースでは、さらに進むことにします。

　②　Bさんは、毎月の家賃を滞納するようになりました。この支払いを催促しても、いっこうに支払ってくれません。そこでAさんはBさんに対し、内容証明郵便で契約解除の通知を出したうえ、立退きを求めました。しかし、Bさんは自主的には立ち退いてくれません。

149

この場合、契約解除が有効ならば、もちろんBさんには立ち退く義務があります。しかし、はじめにのべたように、Bさんが自主的に出て行ってくれない以上は、訴訟などの手続きをとらなければなりません。そこでAさんはBさんに対し、立退料として敷金の残りにいくらかのお金をつけ加えたものを提供しました。この申し入れをBさんがのめば、すんなり立退きということになるでしょう。

★もう、徹底的にやるしかない!!

③　ところがBさんは立退きに応じません。そこでAさんはBさんを相手に訴訟を起こしました。Bさんはその訴訟でつぎのように主張しました。「Aさんは賃料の支払いを催促したといっているが、自分はその時、海外旅行をしていて知らなかった。だから契約解除は無効だ」というのです。

　この訴訟では裁判所から和解の進めがあり、AさんとBさんは話し合いのテーブルにつきました。──Aさんはこの席でも、立退料の申し出をしました。このまま訴訟を続けても時間がかかりますし、また勝っても強制執行が大変だからです。もしBさんがそれを受け入れれば、この段階で和解成立の運びとなります。和解条件では、Bさんの立退き期限がきめられ、その立退きと引き換えに立退料を支払うということになるでしょう。

④　ところがBさんは、Aさんの申し入れを拒否しました。そのため和解は決裂して、判決言渡しということになりました。結果はAさんの勝訴で、Bさんに立退きを命じるものです。

　Aさんは訴訟には勝ったものの、まだ立退料を支払っての任意の立退きをあきらめてはいません。強制執行の面倒さを考えると、そのほうが

第7章　立退料の法律問題と紛争の解決事例

楽だからです。もちろん勝訴判決をとるまで苦労していますから、その申し出た立退料の額は、和解の時に申し出た額よりもずっと低くなっています。

　⑤　Bさんはこの申し出をも拒否し、あくまで居すわり続けます。たまりかねたAさんは、ついに強制執行の手続きをとって、Bさんを追い出してしまいました。

　もはや立退料などということは、まったく問題になりません。

２．立退料の相場

　前記のケースのように、契約が解除された場合の立退料は、いろいろな局面で問題となります。それでは、それらの各場面の立退料の相場はどのくらいかといいますと、はっきりした基準はありません。要するに、貸主の側での立ち退いてもらいたい必要性と、借主の側での居すわる必要性とのバランスできまることになります。結局、両者の力関係と、交渉でのかけ引きできまることになるでしょう。

　とはいっても、借主に落ち度あるいは契約違反などがある場合とそうでない場合とでは、その額は大きく変わってきます。たとえば〔ケース２〕の①の段階（これは〔紛争ケース１〕と同じです）では、借主には何の落ち度もありません。このような場合には、貸主が何億円のお金を払おうとしても、借主が「出て行かない」といえば、立ち退かすことは困難です。借家権も一つの権利であり、それを侵害することはできないからです。もちろん借地権の場合も同様です。

　これに対して借主に契約違反があって、契約が解除されている場合には、事情が変わってきます。そのような場合には、理屈の上では契約は終了しており、借家権（もしくは借地権）は消滅しているからです。〔紛争ケース２〕の②と③がこれにあたりますが、貸主としては、訴訟と強制執行さえ覚悟すれば、ムリヤリにでも追い出せるわけです。おのずから立退料の相場も下がってきます。

　もっとも、借主に契約違反があったかどうか不明の場合、つまり借主

151

の側にも言い分がある場合には、訴訟を起こしても、勝訴するかどうかがわかりません。したがってそのような場合には、立退料の額も、借主に落ち度がある場合とそうでない場合との間の適当な額に落ち着くことになります。適当な額というのは、勝訴できる見通しの大きさによってきまってくることになるでしょう。

　ちなみに〔紛争ケース②〕の③でのBさんの言い分「海外旅行に行っていたから催促を知らなかった」くらいでは、Aさんの勝訴にほとんど影響しません。この程度ならば、借主に契約違反があった場合と同じに扱ってよいでしょう。

　最後に、立退きを命じている判決が出ている場合など、いつでも強制執行ができる事情があるケース（〔ケース2〕の④の場合）では、立退料は少額とならざるを得ません。貸主としては、借主が立退きに不満ならば、強制執行の手続きをとればよいからです。とはいっても、強制執行の費用もばかになりません。専門の業者をたのめば、〔ケース2〕の④の場合でも、数十万円前後かかってしまいます。したがって、その範囲内で済むならば、立退料を支払ってでも早期に出て行ってもらった方が得策だということになるでしょう。

3．立退料の支払時期 ・・・・・・・・・・・・・・・・・・・・・・・・・・・・・・・

　当然のことですが、立退料を支払うのは、つねに立退きの完了後あるいはその完了と引き換えにということになります。もし立退きが完了していないのに支払ったときは、再び居すわられてしまい、二重の立退料の支払いが必要になりかねないからです。ふつうは、立退きに双方が立ち会ったうえ、その現場で立退料の授受が行なわれているようです。

152

第7章　立退料の法律問題と紛争の解決事例

3 正当事由の補強と立退料

> 契約期間の満了で更新を拒絶する場合に、正当事由を補強する意味で立退料が提供されることがある。

1．正当事由とは

　立退料の項目でのべたように、借地契約や借家契約は、更新をくり返すことによって、半永久的に継続されるのがふつうです。しかしその連鎖がたち切られる場合もあり、その一つは借主に契約違反があって契約が解除される場合であり、もう一つは正当事由がある場合です。すなわち正当事由がある場合には、一定の要件のもとに契約は更新されずに終わってしまうのです。なおこのほかに、双方が合意で契約を終了させる場合もありますが、ここでは問題にしないこととします。

2．正当事由の補強と立退料

　ところで正当事由（このことばの意味については借地契約の更新の項目をみてください）といっても、よほどの事情がなければみとめられません。また、それがみとめられるかどうかは、訴訟をしてみなければはっきりしないのです。

　ここで問題となるのが、立退料です。というのは、ぎりぎりのところで正当事由がみとめられないという場合であっても、貸主の側で立退料の提供をしていれば、それが正当事由の補強材料となり、結局、正当事由がみとめられることもあるからです。

　貸主のほうで立退料まで提供しているからには、目的物を使用する必要性がかなり大きいと考えられる半面、借主のほうでは立退料をもらえるならば他に住居をみつけることもできるでしょうから、その必要性は

153

小さくなるというわけでしょう。

このようなことから、正当事由を主張して契約の更新を阻止する貸主としては、十分な自信がないならば、立退料を提供するのも一つの方法であるといえるでしょう。

なお、この場合だけは、立退きと引き換えにではなく、相手が受け取りさえすれば、立退きの申し入れと同時に支払ってもかまいません。相手がそれを黙って受け取ったことは、立退きをみとめたことになり、訴訟でそのことが有利に扱われるからです。

★正当事由を補強する手段

それから、立退料と並んで、代替家屋あるいは代替土地を提供するという方法も、正当事由を補強するための有効な手段です。具体的には、たとえば、地主が借地人に土地の明渡しを求めているとします。

そして、もしその地主が、その近くに必要のない土地を持っていたとしましょう。このような場合に、もし地主が「あなたに貸している土地は、ぜひ返してほしいのだが、その代わりに、すぐ近くの別の土地を貸してあげましょう」というような申し入れをするならば、正当事由の認められる余地が大きくなるというわけです。

もっとも、このようなケース、あるいは〔紛争ケース①〕（147頁）のような幸運な事例ならば別として、現在では代わりの家屋や土地を世話してあげるということは、それほど簡単なことではありません。

借地の場合を例にすれば、新しい借地を得るためには、高額の権利金を支払わなければなりませんし、借家の場合でも、ちょうどうまい具合に家屋を貸してくれる家主がいなければ、事情はそう変わらないはずだからです。

第7章　立退料の法律問題と紛争の解決事例

　このような事情を前提とするならば、よほどの自信がないからには、軽々しく「代わりの物件をお世話します」などとはいうべきではありません。そのようにいってしまってから、それが実行できないのでは、かえって不利になってしまうでしょうから。

◆正当事由の補強としての立退料の提供の参照条文

　土地や建物の賃貸借（定期借地・借家除く）で、土地や建物を明渡してもらうためには、双方の合意によるかは、争いとなれば、賃貸人に正当事由があることが必要です。この正当事由の補強材料に立退料の提供があります。以下は借地借家法の条文ですが、傍線部分が立退料に関する部分です。

（借地契約の更新拒絶の要件）
第6条　前条〈借地契約の更新請求等〉の意義は、借地権設定者および借地権者（転借地権者を含む。以下この条において同じ。）が土地の使用を必要とする事情のほか、借地に関する従前の経過及び土地の利用状況並びに借地権設定者が土地の明渡しの条件として又は土地の明渡しと引換えに借地権者に対して財産上の給付をする旨の申出をした場合におけるその申出を考慮して、正当の事由があると認められる場合でなければ、述べることができない。

（建物賃貸借契約の更新拒絶等の要件）
第28条　建物の賃貸人による第26条第1項の通知又は建物の賃貸借の解約の申入れは、建物の賃貸人及び賃借人（転借人を含む。以下この条において同じ。）が建物の使用を必要とする事情のほか、建物の賃貸借に関する従前の経過、建物の利用状況及び建物の現況並びに建物の賃貸人が建物の明渡しの条件として又は建物の明渡しと引換えに建物の賃借人に対して財産上の給付をする旨の申出をした場合におけるその申出を考慮して、正当の事由があると認められる場合でなければ、することができない。

155

4 立退料の具体的金額が算出された事例

立退料は、貸主・借主の事情、地域などにより異なる。

1．立退料の相場

　前述の説明にもあったように、立退料の金額には相場があるわけではありません。貸主と借主それぞれの立場のほかに、思惑やかけ引きもあり、たまたま借主が商売をたたんで出て行くつもりだったケースもあれば、どうしてもその場所で商売を続けたいとの希望を持っている場合もあるからです。そのため同じ30坪程度の店舗でも、100万円くらいから1億円、2億円という開きが出てしまうのです。ただし借地権の場合には、それが契約解除などの問題のないものであれば、土地価格の6割ないし8割程度の目安はあります。この割合は更地価格に対するもので、具体的には所轄の税務署に行けば、路線価格と一緒になっているものを見ることができます（もっともこれも一応の目安で、最終的には双方の力関係で決まるでしょう）。

　ところが、昭和62年ごろ以降に横行した地上げ事件の増加により、借家権の場合にも、大体の目安のようなものが出来上がってきました。その目安とは、長期間継続している問題のない借家権であれば、借地権価格の3割ないし4割程度が立退料の価格であるというものです。とはいっても、借家権は原則として譲渡することはできませんから、売買の価格ではなしに、家主が明渡しを求める際の立退料の金額ということになります。これによりますと、立退きがよく問題となるビル街などの商業地の借地権割合は8割くらいですから、その3割ないし4割、ただし不動産鑑定士が裁判所に出す鑑定価格が相場より低めになりやすいこと

156

第7章　立退料の法律問題と紛争の解決事例

から、これを２割ないし３割として、結局、更地価格の１割６分ないし２割４分前後、平均で２割というのが、商業地での立退料の相場だということになるでしょう（これに対して住宅地では、借地権価格は６割ないし７割くらいですので、借家権価格はもう少し低くなります）。ただし、これも一応の目安で諸事情により変わります。

　なおビルなどの中高層建物については、更地価格とはいっても、その階数で割る必要があります。たとえば10階建てのビルの５階に30坪の事務所を借りていて、その敷地の更地価格が3000万円であるとすると、立退料の目安は30坪の更地価格９億円の10分の１の9000万円、その２割すなわち1800万円程度が立退料の目安ということになります。

　また以上の基準とは別に、「今まで支払った家賃のすべてと同額を立退料とする」というものもあります。これによりますと貸主は、それまでの何十年間もの間、敷地や建物の固定資産税ばかりか、建物の修繕費や管理費なども負担してただで建物を貸してきたことになるわけで、借主にとってずいぶんと虫の良い基準だということになります。また裁判の場などでこの基準を聞かされた家主さんの中には怒り出す人もおり、それももっともなことだと思います。でもこの「今まで支払った家賃のすべて」という金額は、結局右に述べた「借地権価格の２〜３割」というのとほぼ同額になることが少なくありません。たとえば当初は５千円、最終的には10万円の家賃で10年間借りてきたケースですと、900万円くらいが「今まで支払った家賃のすべて」ということになります。そして現在の家賃が10万円というと、東京の郊外では15坪程度の部屋で、その敷地の更地価格は坪当たり300万円くらいですから、敷地全部で4500万円、その２割はちょうど900万円ということになるのです。

２．裁判例①　新橋駅前ビル

　新橋駅前という一等地のビルの一室について、立退料の金額を明示したうえ、家主がその金額を支払えば解約申入れには正当事由が備わるとして、借家人に対して明渡しを命じる判決があります（東京地裁昭和61年

157

5月28日判決）。この事例では立退料の金額が３億4000万円という巨額なものであり、その計算の根拠が詳細に示されていて今でも参考になる事例です。

　Ｂさんは、あるビルの一階で30坪ほどの中華料理店を経営しています。このビルは新橋駅の目の前という一等地にあり、９階建で、一階当たりの床面積は120坪前後、その持ち主は、Ａ商事株式会社というところです。この会社は何年か前に元の持ち主からこのビルを買収すると、入居者のすべてに明渡しをせまりました。要するにここを地上げして、新しいビルに建て替えるというわけです。なお賃料の額については当事者間に争いがあるため、Ｂさんは月額11万6000円強をＡ商事に供託しておりましたが、判決では月額20万円が賃料相当額であると認定されました。

　明渡しの理由は、このビルは大正年間に建てられたもので老朽化が進んでおり、このままでは危険なので建て直す必要があるというものです。なるほど確かに相当古くなっていることは確かで、大きな地震があったら倒壊の危険さえありそうです。Ａ商事は根気良く入居者と立退き交渉を続け、最終的にはＢさんだけが残ってしまいました。Ｂさんが残ったのは、このビルでもう20年以上も営業を続けており、店の知名度も相当高いものになっているからです。なお最後までＢさんと一緒に頑張っていた隣のＣさんは、Ａ商事との間で「新しい建物に再入居させる」との条件で和解をして立ち退いてしまいました。とはいっても、再入居までの間は月に210万円もの休業補償金がＡ商事より支払われますし、再入居後の家賃も当初は一般の入居者の平均の金額の半額で、これを徐々に上げてゆき、16年目でようやく平均と同額とするという、Ｃさんにかなり有利なものです。なお再入居後の部屋は従来のそれよりも若干狭いのですが、その狭くなった分については別途１坪当たり900万円近い金額が支払われました。こうしてついにＢさんだけが残ってしまいました。するとＡ商事は「6741万円を支払うのと引き換えに明け渡せ」との訴訟を提起してきました。

158

第7章　立退料の法律問題と紛争の解決事例

　裁判は、次のような事実を認定したうえ、Ｂさんに対し、「３億4000万円の支払いを受けるのと引き換えにビルを明け渡しなさい」との判決を下しました。

①　このビルは相当古く、Ｂさんがここで正社員である７名のコックを含む23名の従業員を抱えて営業をしていることを考慮しても、適当な立退料が支払われるのであれば、立ち退くべきである。

②　Ａ商事はＣさんに対し、再入居後の不足面積に月１平方メートル当たり269万円余を支払っており、これを106.95平方メートルのＢさんの部屋に当てはめると２億8772万円余となる。

③　Ａ商事はＣさんに対し再入居までの１年９か月までの間休業補償を支払うことになっているが、再入居を予定しないＢさんに対しても少なくともその営業による１か月当たりの利益と人件費の合計500万円の半額250万円を同じ期間だけは支払うべきであり、その額は5250万円となる。

④　以上の諸事情を考慮すると、立退料としては、３億4000万円が相当である。

３．裁判例②　立退料の例 ・・・・・・・・・・・・・・・・・・・・・

　立退料については事例がたくさん出ています。何例か裁判例を紹介しておきます。数が多いので表組みの形で次頁以下でまとめてみました。

　なお、整理の都合上、金額や面積などの数字は四捨五入し、①立退料の金額、②借主の利用形態、③考慮される事情、の順に掲げることとします。

■立退料の最近の判例（立退きが認められたもののみ）

番号	裁判所 （判決日）	立退料	利用形態	考慮事情（○…賃貸人に有利な事情、●…賃借人に有利な事情）
1	東京地裁 平成25年1月23日	0円	転貸事業	○築50年以上、○倒壊の危険性、○改修工事に多額の費用、○賃借人に使用の必要性なし
2	東京地裁 平成25年1月25日	6000万円	歯科医院	○耐震能力不足、○開発計画の合理性、●建物継続使用の必要性
3	東京地裁 立川支部 平成25年3月28日	0円	集合住宅 （250戸）	○築40年以上、○耐震改修に合理性なし
4	東京地裁 平成25年4月16日	720万円	青果店兼住居	○築約60年、○耐震診断で倒壊の可能性、●50年以上営業継続、●近隣に代替物件なし
5	東京地裁 平成25年6月5日	500万円	クリーニング店	○築40年以上、●賃貸人の管理修繕が不十分、●店舗利用の必要性
6	東京地裁 平成25年6月14日	4130万円	店舗	○著しい耐震性能欠如、○敷地の有効利用計画
7	東京地裁 平成25年9月17日	897万円	会社事務	○再開発計画、●30年以上継続
8	東京地裁 平成25年10月10日	102万円	住居	○家主の二世帯住宅入居の必要性、○交渉の経緯、●賃借人の長年の居住継続
9	東京地裁 平成25年11月13日	120万円	中華料理店	○築60年以上、○建物崩壊の危険性、●長年の営業、●生活の資本
10	東京地裁 平成25年12月11日	215万円	住居	○築95年以上、○密集市街地、●95歳、●年金収入のみ
11	東京地裁 平成26年2月28日	0円	小売店	○違法販売行為、○近隣迷惑行為
12	東京地裁 平成26年4月17日	125万円	ゲームセンター	○公共事業のための敷地売却、○既に営業を停止、●別物件紹介の交渉経過

番号	裁判所 （判決日）	立退料	利用形態	考慮事情（○…賃貸人に有利な事情、●…賃借人に有利な事情）
13	東京地裁 平成26年5月13日	240万円	小料理屋	○築50年以上、○耐震・防火性能問題あり、●賃借人の資本投下
14	東京地裁 平成26年5月14日	170万円	共同住宅の一室	○売却が不可避な家主の事情、●高齢、●要介護
15	東京地裁 平成26年7月1日	1億0515万円	喫茶店等 （新宿駅前）	○再開発計画、○空室率95％、●長年の営業、●著名・固定客の存在
16	東京地裁 平成26年8月29日	1000万円	理髪店	○築80年以上、○長期間低廉賃料、○建物老朽化
17	東京地裁 平成26年11月12日	300万円	喫茶店等	○築35年、○今後相当の修繕を要する、○近隣に代替物件あり、●営業継続の必要性
18	東京地裁 平成26年12月10日	3319万円	店舗（消費生活協同組合）	○再利用目的（福祉施設に提供）の公益性、○移転先探しに協力、●堅調で安定的な営業実績
19	東京地裁 平成26年12月19日	3237万円	釣具店	○築40年以上、○Ｉｓ値が基準値以下、○区長から改修の行政指導、●現状でも使用は可能
20	東京地裁 平成27年3月6日	1億3000万円	居酒屋（歌舞伎町）	○築約50年、○耐震基準充足せず、○他テナントと明渡し合意済み、●内装設備の破棄が不可避
21	東京地裁 平成27年7月28日	1000万円	薬局	○築60年以上、○耐震性能不十分、○賃料が低額、●営業順調、●代替物件確保困難
22	東京地裁 平成27年8月5日	50万円	転貸事業	○売却が不可避な家主の事情、○賃借人に使用の必要性なし
23	東京地裁 平成27年9月17日	555～760万円	店舗、店舗兼住居	○築60年以上、○大規模修繕を強いられる、●長年の営業継続、●生計維持に必要

番号	裁判所 （判決日）	立退料	利用形態	考慮事情（○…賃貸人に有利な事情事、●…賃借人に有利な事情）
24	東京地裁 平成28年1月12日	1000万円	レストラン バー	○築約50年、○使用継続には多額の費用、○再開発計画の存在
25	神戸地裁 平成28年12月8日	0円	文化交流施設（NPO法人）	○慢性的な賃料延滞、○事業の成果なし

◆立退料（まとめ）

	立退料の意味・金額等	備　考
借地	意味⇒借地から立ち退いてもらう場合に地主から借地人に提供される金銭 金額⇒話し合いにより決まる　立退料提供の申出は正当事由の補強要素となる 借地権の評価⇒借地権割合（更地価格の6〜8割程度） ※定期借地は、契約期間の満了により終了し、立退料はない	・借地の立退料は、借主にしてみれば借地権を譲渡することと同じことなので、借地権割合（更地価格の6割ないし8割）が一応の目安である。 ・地代滞納などの契約解除事由があれば、立退料なし、あるいは少ない金額で立ち退いてもらえる。 ・立退料の提供の申出は、地主の正当事由の補強要素となる。
借家	意味⇒借家から立ち退いてもらう場合に家主から借家人に提供される金銭 金額⇒話し合いにより決まる　訴訟になれば正当事由が問題となるが、立退料の提供も補強要素となる 借家権⇒正当事由がない場合⇒借地権割合の2割〜4割	・借家の立退料は、借地権割合の2割〜4割程度。 ・アパートの立退きでは、①引越料、②新規物件の契約に要する費用（仲介手数料、前家賃、権利金、敷金など）、③転居に対する慰謝料の合計が、一般的な立退料の基準のようである。 ・その他は借地に同じ。

第8章

修繕費用・必要費・有益費・造作買取り・建物買取りの問題

❀修繕費用⇒賃貸物に使用に耐えない不具合が生じた場合は、原則として賃貸人が修繕し、費用を負担します。

❀必要費⇒賃貸物の現状を維持するための費用で、賃貸人が負担します。（例：白あり駆除の費用など）

❀有益費⇒賃貸物をより有益に改良する費用で、賃借人が負担するが、賃貸人に償還請求できる場合もあります。

❀造作買取り⇒家主の承諾を得て取り付けた障子やふすまなどの造作は、退去時に家主に時価で買い取ってもらうことができます。ただし、特約で買い取らないとすることができます。

❀建物買取り⇒地主は、借地契約を終了させる場合には、借地上の建物を買い取らなければなりません。

- ・修繕費用をめぐる問題点 …………164
- ・必要費とは何か・その費用は ………171
- ・有益費と費用の償還 ……………175
- ・造作買取りとその金額 …………182
- ・建物買取請求権と買取り ………188

1 修繕費用をめぐる問題点

建物の貸主は、使用にこたえる状態になければ、修繕をしな
ければならない。

① 修繕は誰がするのか

　賃貸借の目的物にこわれた箇所が出てきたときは、誰がこれを修繕す
るのでしょうか。答えは、原則として貸主だということになります。賃
料をとって使用させているのですから、当然のことといえるでしょう。
目的物を、使用にこたえる状態にしておかなければならないというわけ
です。

　修繕の例としては、屋根やドア、窓など建物についてのものが多いで
しょうが、土地についても、たとえば土砂くずれで土地の一部が陥没し
た場合に、それを埋めるというのも修繕です。

　修繕は貸主がするべきものとしても、やってくれないこともあるでし
ょう。そのような場合には、借主が自分ですることもできます。それに
要した費用については、つぎの項目でのべる「必要費」または「有益費」
として貸主に請求できることもあります。

1. 修繕が必要な場合 • • • • • • • • • • • • • • • • •

　賃借目的物が痛んだりこわれたりしたとしても、必ず修繕しなければ
ならないわけではありません。ささいな故障とか、借主の使用にさしつ
かえない程度のものは、修繕の必要がないのです。

　修繕が必要かどうかは、契約の目的に照らして考えてみなければなり
ません。契約の目的とは、「借主は何をするために目的物を借りたのか」

164

第8章　修繕・必要費・有益費・造作買取り・建物買取りの問題

ということです。たとえば借地の場合には「その土地の上に建物を建てる」ということがこれにあたりますし、借家の場合には「その建物に居住する」とか「その建物で営業をする」などのことが目的だということになります。

★直してくださいよ

　前置きが長くなりましたが、修繕が必要なのは、借主が契約の目的をはたせない場合なのです。また無理をすれば目的をはたせないこともないが、ひどくさしさわりがあるという場合もこれに含まれるでしょう。

　たとえば、住居用に借りた建物が、少しの雨でも雨もりするようになったとします。これでは「その建物に居住する」という目的をはたせませんから、修繕が必要だということになります。同じく、ドアに鍵がかからないとか、窓わくがはずれてしまったというような場合も、修繕が必要です。

　これに対して、年に一度くらいの豪雨で少し雨もりがするけれども、少しの雨ではもらないというような場合には、修繕は必要ありません。その程度では、住めないということはないからです。同じようにして、ドアの開閉の際にギイギイ音がするとか、戸の立て付けが悪いなどの程度では、修繕する必要はありません。

　それから、畳や建具が古くなった場合についてですが、これも契約の目的に照らしてきめることになります。つまり、住んだり営業したりといったような契約の目的をはたせないほど古くなっているというのでしたら、修繕あるいは取り替えが必要だということになります。

２．借主がこわした場合 ・・・・・・・・・・・・・・・・・・・・・

　借主が自分でこわした場合には、どうでしょうか。乱暴に使ったとか、子供がこわしたなどの場合も同じことです。

　このような場合には、貸主は修繕しなくてもよいと考えられています。自分でこわしたのだから自分で修繕しろということなのでしょう。もっとも、こわれた箇所をほおっておいたのでは、建物全体が痛んでしまうこともあるでしょう。そのような場合に、貸主がすすんで修繕することができるのはもちろんです。その場合には、貸主は借主に対して、その修繕費用を請求することができます。

紛争ケース１　借主が自分で取り付けた場合

　Ａさんはｂさんにビルの一室を貸しており、Ｂさんはここでマージャン荘をひらいています。そんなある日、Ｂさんから「ドアと窓と流し台がこわれているので直してほしい」との申し入れがありました。そこでＡさんは、出入りの大工さんにたのんでそれらの箇所を点検してもらったのですが、その結果、つぎのようなことが判明しました。

　まずドアについてですが、はじめから取り付けられていたものが、いつの間にか取り替えられていました。前のものよりもずっとぶ厚いもので、ドアの枠と合わないため、開閉がうまくいかないのです。また窓については、いくらきつく閉めても、空き間が残ってしまいます。なぜかというと、遮光のためにＢさんが何か黒い詰め物をしていたからです。察するにＢさんは、風俗営業等取締法で禁止されている深夜営業をしているようです。そのことが外部にもれないように、防音や遮光の必要があり、そのためにドアを厚くしたり、窓の目隠しが必要になったものと思われます。

　このドアのように、借主が自分で取り付けたものは、修繕する必要はありません。また窓についても、詰め物をとりさえすれば問題ないのですから、同じく修繕する必要はありません。

第8章　修繕・必要費・有益費・造作買取り・建物買取りの問題

　なお流し台は、内部の木造部分が腐っていましたが、これはBさんが乱暴に水を使うため、はね返った水がすき間から入ってそうなったものでした。これについてもBさんの使い方が悪いのがその原因ですから、同じく修繕の必要はありません。

　このように、目的物がこわれたときは、その原因を調べてみる必要があります。ふつうに使っていて自然にこわれたのなら修繕の必要がありますが、借主の使い方に原因があるとか、借主が自分で取り付けた物がこわれたというような場合には、修繕の必要がないからです。

② 修繕費用についての特約

　借家契約では、「修繕費は借主が負担する」との特約条件がつけられている例が少なくありません。このような特約は、有効であるとされています。その分、家賃が安くなっていると考えれば、結局は同じことになるからです。また「小修繕の費用は借主が、大修繕の費用は貸主が負担する」との特約もありますが、同様に有効です。これによれば、畳や建具などの修繕は借主がする一方、屋根のふき替えなどの規模の大きいものは貸主がすることになります。

　このような特約は、実際上も合理的であると思われます。借主が費用を出すからには、修繕するかどうかは借主がきめることになるでしょう。そして、修繕の必要があるかどうかは、誰よりも借主がいちばんわかるはずですから、修繕するかどうかも借主にきめさせるのが適切だからです。

　このようにすれば、借主も不必要な修繕はしない反面、真に必要な修繕はするでしょう。ところがもし修繕費用を貸主が負担するとなると、貸主のほうでは必要な修繕をも惜しむかもしれませんし、借主のほうでは少し古くなるとすぐ修繕しろと要求するかもしれません。結局、ずうずうしい者が勝つことになりかねないでしょう。

　修繕費用を借主が負担するというのは、借主に酷にみえるかもしれま

167

せんが、先ほどものべたように、その分賃料を安くすればよいのです。結局、公平な決め方であると思います。

　賃貸マンションでは、「共同部分および基礎構造部分の修繕は貸主が、それ以外の専用部分の修繕は借主が、それぞれ負担する」というようにきめられることもあります。このようにすれば、修繕の必要性の有無をめぐって貸主が部屋の中に立ち入ることもありません。借主の私生活をのぞかれないという意味では、好ましい決め方であると思います。

　なお、修繕費はすべて借主の負担とするとの特約があったとしても、それは通常予想される修繕だけを意味するものであるとされています。つまり、地震や水害など、予想もしない天災などで目的物を修繕する必要がでてきたときは、原則にもどって、貸主が修繕しなければなりません。少々賃料を安くしてもらったからといって、このような修繕まで借主がするのでは、割に合わないからです。

1．保存行為

　特約のこととは関係ありませんが、ちなみにここで保存行為についてふれておきます。保存行為とは、目的物の現在の状態を維持するのに必要な行為です。たとえば、建物の土台が白アリにくわれているときにこれを駆除するような行為がこれにあたります。また土地の場合には、がけくずれが起こるおそれがあるとして、石垣を積んでこれを防止するというような行為がこれにあたります。

　貸主が保存行為をしようとしているときは、借主はこれを拒否することができません。拒否すれば、貸主の財産である賃貸目的物がとり返しのつかないことになってしまうからです。またそうなることは借主にとっても不都合でしょうから、あえて保存行為を拒否することもないでしょう。

第8章 修繕・必要費・有益費・造作買取り・建物買取りの問題

紛争ケース② 黙示の特約

　修繕費の全部または一部を借主が負担するとの特約は有効です。それではこの特約は、契約書の中に書かれていなければ効力がないのでしょうか。必ずしもそうではありません。つぎのような、黙示の合意がみとめられることもあるのです。

　Aさんは、Bさんに家を貸しました。この家はだいぶ古いものですので、1年に一度くらいは、どこかしら修繕しなければなりません。AさんとBさんとの間の契約では、修繕費の負担について、とくにとりきめはありません。このため本来ならばこの修繕は、Aさんが大工を頼むなどしてやらなければならないところです。ところがBさんは器用な人で、この毎回の修繕を自分でやっています。いまはやりの日曜大工というものでしょう、仕上がりもなかなかあざやかなものです。

　このようにして何年かたちましたが、このような事情を知っているAさんは、家賃の値上げを切り出すことがなかなかできません。本来は自分のほうでしなければならない修繕をやってもらっているからです。その後も家賃は据え置かれ、10年もたつと相場よりもかなり安いものになりました。

　その後Bさんが亡くなり、同居していた息子のCさんがAさんとの間の契約を引きつぎました。Cさんは、Bさんのように器用ではありません。このため自分で修繕することはできず、これをAさんに頼んできました。修繕は家主がするものだということをどこかで聞いていたからです。Aさんとしては納得できません。借主が自分で修繕をしてくれると思ったからこそ、家賃を据え置いてきたからです。

　このような場合には、AさんとBさんとの間で暗黙のうちに「修繕は借主がする代わりに家賃は安くする」との特約が結ばれたものとみとめられます。そしてその特約は、契約を引きついだCさんにも効力があることになります。結局Cさんは、自分の費用で修繕をしなければなりません。

169

２．特約の有無の認定 ・・・・・・・・・・・・・・・・・・・・・・・・

　口頭で「修繕費は借主が負担することにしよう」と約束した場合でも、特約があることになるのはもちろんです。ただし口頭の場合には、証人などのように、後日そのことを証明する方法がないと、結局みとめられないということもあるでしょう。

　特約がなくても修繕費が借主の負担とされる例としては、つぎのような事例があります。

　①　借主が長期にわたり勝手に修繕をくり返し、その間なんの報告もしない場合〔紛争ケース②〕

　②　家賃がとても安く、とうてい修繕費をまかなえないような場合。

　③　もともと修繕しなければならない状態にある建物を、それと知って借りた場合。

　④　その地方では、借主が修繕することが慣習となっている場合。

　⑤　家賃を値上げしないとの特約がある場合。

　⑥　貸主が修繕するというのを、借主が断った場合。

◆修繕に関する参照条文

（賃貸物の修繕等）

民法606条①　賃貸人は、賃貸物の使用及び収益に必要な修繕をする義務を負う。

②　賃貸人が賃貸物の保存に必要な行為をしようとするときは、賃借人は、これを拒むことができない。

第8章　修繕・必要費・有益費・造作買取り・建物買取りの問題

② 必要費とは何か・その費用は

必要費は、賃貸物の現状を継続するための費用で、その費用は貸主が出すべきものである。

1．必要費問答①　必要費の意味と必要費は誰が出すのか

質問　必要費とは、聞きなれないことばですが、これはどういう意味のものなのでしょうか。

●**本来は家主が出すもの**　たとえば、建物を借りていたところ、白アリの被害のため、そのままでは、その建物の土台が食い荒されるおそれがあることがわかったとします。こんなときには、すぐにでも駆除しなければなりません。最近は専門の白アリ駆除の業者がありますから、それにたのめばよいでしょう。

その費用は、誰が出すのか、ですが、これは家主です。家主には、建物を保存する義務があるからです。いいかえれば貸している建物を、住むのに適する状態に保たなければならないのです。これは家賃をとって貸している以上、当然のことなのです。

質問　この場合、家主がその費用を出してくれなかったら、どうなるのでしょうか。

●**とりあえず借主が立て替え**　建物が倒壊しては、たまりませんから、そこに住んでいる借家人としては、自分で出してでも、業者に駆除を依頼するでしょう。

そのような場合に支出する費用が、「必要費」とよばれるものです。つまり、建物の現状を維持するための費用、その他、建物をふつうに使用できるような状態に保つのに必要な費用が必要費というわけです。

171

|質問| わかりました。ところで必要費は、建物についてだけでなく、土地についてもあてはまりませんか。

●土地についてもあてはまる　そのとおりです。先ほどの説明にあった「建物の現状」とか「建物をふつうに使用できる」とある表現のうち、「建物」とある部分を「借地」に置きかえて考えれば、そのまま土地についての説明になります。

土地の場合の具体例としては、地震のため、地盤がゆるみ、がけくずれにあうおそれがあるようなとき、これを防ぐため、地盤を補強する工事などは、必要費にあたるでしょう。そのほかにもいろいろなケースがありますが、その具体例については、あとの方でひとつひとつ解説しますので、そちらをお読みください。

このようにして借主が必要費を出した場合、あとでその分を貸主に請求できるものなのか、という不安が残るでしょうが、これは当然に請求できるのです。これについて、つぎに説明しましょう。なお、必要費にあたるかどうかがはっきりしない場合もあると思います。しかしそのような場合、仮に必要費にあたらないとしても、少なくともあとでのべる有益費にあたることは、おそらく問題ありません。

そして有益費についても、このあとでのべますように、いずれにしても貸主に請求できることになっています（ただし、若干の制約はあるのですが）。

2．必要費の償還請求

必要費は、もともと貸主が出すべきものです。これを借主が出したということは、貸主に代わって一時立て替えて出したということになります。したがって、あとでその分を貸主に請求できます。

貸主は必要費の支出後、すぐにでも貸主に対してその分を支払うよう請求することができます。これを、必要費の「償還請求権」といいます。必要費の償還を求めるには、契約が終わるのを待つ必要はありません。そればかりか、10年間（平成30年11月現在）ほうっておくと、時効にかかってしまいますので注意しなければなりません。

さて、こうして償還請求のできる額は、借主が支出した額です。支出したものがその後値上がりしたとしても、その値上がり分まで請求することはできません。

３．必要費の具体例──借地の場合

必要費は、これをつぎの３つのものに分けることができます。すなわち、

① 目的物の現状を維持するための費用

★これだけ返してください

② 目的物の現状を回復するための費用

③ 目的物をふつうに使用するために適する状態にしておくための費用──以上の３つです。

借地の場合で前記の①にあたるものとしては、前にのべた、がけくずれを防止するための費用などがあります。また②にあたるものとしては、実際に、がけくずれが起こった後で、これを元どおりに造成するための費用などが、考えられるでしょう。

さいごの③にあたるものとしては、つぎのような例があります。

Ａさんが宅地を借りました。ところがこの地域は低地であったため、その後、まわりの人がみんな地盛りをしはじめました。この結果、Ａさんの借りている土地だけが窪地のような形となってしまいました。このため雨が降ると、まわりの土地から水が流れ込んできて、沼のようになってしまいます。やむを得ずＡさんも地盛工事を行なって、まわりと同じ高さにしました。──この場合の地盛工事にかかる費用は「必要費」といえるでしょう。

４．必要費の具体例——借家の場合 ・・・・・・・・・・・・

借家の場合にも、借地のところでのべた３つの種類があてはまります。すなわち、

①の現状維持のための費用としては、前にのべた白アリ駆除のための費用のほか、つぎのようなものもこれにあたるでしょう。

借家として借りている建物が、台風などで倒壊するおそれがある場合に、それを防ぐための補強工事の費用。

建物の地盤がゆるんできたために、建物が傾くおそれがある場合に、それを防ぐための工事費用。

以上のように、建物全体またはその一部がこわれたり痛んだりするおそれがある場合に、それを防ぐために必要な費用は、必要費にあたります。

②の現状回復のための費用としては、建物や造作の修繕費用がこれにあたります。たとえば、屋根（雨もりの場合など）、柱、床板などの建物の一部分についての修繕費用は、建物の修繕費用として、必要費にあたります。また、畳、棚、ガラス戸、障子、ふすまなどの造作についての修繕費用も、同様にして必要費にあたります。

③の使用に適する状態におくための費用としては、たとえば、近くに飛行場ができて騒音がひどくなったため、窓を二重にするなどの防音工事の費用などが、これにあたるでしょう。また火災のおそれがあるので、消防署からスプリンクラーを付けるようにいわれたために、それを設置した費用なども、これにあたるものと思われます（もっとも火災防止の見地からは、①の現状維持のほうにもあたるかもしれません）。

◆必要費に関する参照条文─────────────────
（賃借人による費用の償還請求）
民法608条① 賃借人は、賃借物について賃貸人の負担に属する必要費を支出したときは、賃貸人に対し、直ちにその償還を請求することができる。

第8章　修繕・必要費・有益費・造作買取り・建物買取りの問題

3 有益費と費用の償還

有益費は、賃貸の目的物をより有益に改良するための費用で、借主が負担するが、貸主に償還できるかどうかは難しい問題。

1. 有益費問答①　有益費とはなにか
──有益費とは、どういう場合に誰が出すのか

質問　私は一軒の家を人に貸していますが、その人が出て行くときに「有益費として50万円支払ってほしい」といわれました。有益費とは、どういうものですか。

●**屋根などの改良費用**　ひとくちでいえば、目的物を改良するための費用が有益費といわれるものです。たとえば、建物の外壁をペンキで塗り替えるとします。これにより建物の見ばえは良くなりますから、その建物は「改良」されたことになります。その塗り替えのための費用が「有益費」となります。

　改良というのは、元の状態よりも良くするということなので、その意味で、前にのべた必要費ほど切迫したものではありませんが、やはり不動産の維持に必要な費用であることにかわりありません。この点、誤解のないように。

質問　そうすると、必要費のほうは「どうしても出さなければいけないもの」、これに対して有益費のほうは「出したほうが好ましいもの」とでもいうことになるのですね。でも「好ましい」かどうかは、個人差もあると思いますが、どのような基準で、これを決めることになるのでしょうか。

●**ほんとうに有益なものか**　借主の出した費用が有益なものかどうかと

175

いうことは、必ずしも各人の好みで決まるものではありません。その建物や、周囲の環境とのつり合いも考えなければならないのです。たとえば、シャンデリアとかスポット照明とか、豪華なものでも、建物がボロ家であれば、無用のものです。このようなものを借主がつけたというのであれば、家主はそれを負担する必要はありません。かえって、落ちつきませんから、元の螢光灯に取り替えさせることもできるでしょう。

★えっ!! あんなことをしたの?!

　これに対して、高級マンションに裸電球が付いていたのを、ふつうの照明器具に取り替えたというのであれば、有益費になるでしょう。
　しかしながら、なにが有益費となり、なにが後述の造作買取請求権の対象となる造作か具体的なモノによる区別は、必ずしも明確ではありません。そのため、借主が有益費として請求するか、造作買取請求権を行使するかを、借主の選択に任せてもよいという意味もあります。

２．有益費の具体例

　有益費は、これをつぎの３つに分けることができます。すなわち、
　①　目的物自体を質的に良くするための費用。
　②　目的物の脇にあって、それを引き立たせるための費用。
　③　目的物を量的に増やすための費用。──以上の３つです。
　この①にあたるものとしては、前にのべたペンキ塗り替えのための費用や、照明設備設置のための費用などが、これにあたります。あえて、目的物「自体」というのは、つぎの脇役的なものと区別するためです。
　なお、前に「借地を盛り土するのは必要費にあたる」とのべましたが、

第8章　修繕・必要費・有益費・造作買取り・建物買取りの問題

このことは、そのように盛り土をすることが、ぜひとも必要であったことを前提としています。つまり、盛り土をしなければ、宅地として借りた土地が沼地になってしまい、意味をなさないというような場合なのです。

このような場合ほど切迫していない場合、たとえが、宅地として借りた土地が湿地帯にあり、じめじめして住みづらいといった場合があったとします。この例では、盛り土をしなくとも、宅地として使用する分には、いちおうがまんできます。つまり盛り土は、どうしても必要なことではなかったわけです。

このような場合には、その盛り土のための費用は、必要費とはなりません。有益費となるだけです。そして、有益費は、必要費の場合とちがって、必ず償還してもらえるとはかぎりません。

前記の②にあたる場合、つまり脇役的なものとしては、借地または借家の面している道路上に、庭園灯を設置すること、あるいはその道路をコンクリート舗装することなどがあります。つまり、目的物「自体」ではなしに、その周辺にあっても、目的物の価値を増しているわけで、このようなものも、有益費にあたります。

最後に、前記の③にあたる場合、つまり目的物を量的に増やす場合としては、借家を増築するような事例が考えられます。賃借目的物を量的に増やすことも、目的物の価値を増したことになるからです。

借地の場合には、たとえば、宅地に隣接する傾斜地を整理して、土地を増やす例などが、これにあたるでしょうか。

3．契約の終了と有益費の償還 ・・・・・・・・・・・・・・

●貸主の利益　賃借人が費用をかけて目的物を改良したとしても、それだけでは貸主には、なんの利益もありません。目的物を使うのは借主であって、貸主がこれを使うわけではないからです。

でも、契約が終わって、借主が目的物を貸主に返したら、どうなるでしょう。貸主にとっては、貸した物が、価値を増して返ってくるのです。あたかも、血統書付きの雌犬が優秀な雄犬の仔をはらんで返ってきたよ

177

うなものです。

このような場合、借主としては費用をかけている一方、貸主としては、ぬれ手で粟のような利益をおさめることになります。その分を、貸主が借主に払うことにしても、不合理ではないでしょう。

4．有益費の償還 ・・・・・・・・・・・・・・・・・・・・・・・

このような場合に、借主が貸主に対して、そのかけた費用を請求することを、有益費の償還請求といいます。借主が損をし、一方、貸主が得をしているのを、精算するわけです。

ただし、このことは、貸主が「ぬれ手で粟」のような利益を受ける場合にしか、あてはまりません。いいかえれば、借主がいくら費用をかけたとしても、そのかけた分の価値が残っていなければならないのです。このため、たとえば、多額の費用をかけて借家を改造したところが、それが火災で焼失してしまったというような場合には、貸主は有益費を払う必要はありません。

また先ほどものべたように、貸主としては目的物を返してもらってはじめて、有益費による利益を受けることになります。このため借主は、契約が終わるまでは、貸主に有益費の償還を求めることはできません。

5．有益費償還の要件 ・・・・・・・・・・・・・・・・・・・・・

以上にのべたことから、借主はどのような場合に有益費を払ってもらうことができるかについて、だいたいおわかりいただけたと思います。これを整理してみましょう。すなわち、

　①　借主が有益費を支出したこと。
　②　それによって高まった価値が現在も残っていること。
　③　賃貸借契約が終了したこと。
　——以上の要件を満たせば、借主は貸主に対して、有益費の償還を求めることができます。必要費の場合とくらべて、契約が終わってからでないと請求できない点などがきびしくなっています。

178

6. 償還される額と支払期限の猶予

前記の３つの要件のうち、①の有益費の額と②の現在も残っている高まった価値とは、必ずしも一致しません。たとえば100万円の有益費をかけたとしても、契約が終わった時にはそれが50万円程度に下がっていることもあります。逆に50万円の有益費をかけたところが、その後の値上がりで100万円の価値になったということもあるでしょう。

★これは認められない

このような場合、貸主は前記の①と②のどちらかを選んで返せばよいことになっています。つまり価値が下がったときは、そちらのほうを払えばよく、逆に価値が上がったときは、もとのほうを払えばよいのです。貸主は、現在残っている価値以上のものを支払う必要はないし、借主は自分のかけた費用以上のものを支払ってもらう理由もないからです。

また、貸主としては、頼んで有益費を出してもらったわけではありません。いきなり多額の有益費を請求されても、当面支払いのあてがないこともあるでしょう。このための有益費の支払いを求めて訴訟が起こされたときは、裁判所は、事情によっては、貸主に期限を与えることができることになっています。つまり「いますぐに支払わなくてもよい。いついつまでに支払えばよろしい」というような条件つきの判決を出すこともできるのです。

紛争ケース① テニスコートの造成と有益費

AさんはBさんから土地を借りて、そこにテニスコートをつくり、テ

ニス場を経営することになりました。この賃貸借契約には、借地借家法は適用されません。建物の所有を目的とするものではないからです。もっとも、クラブハウスなど、一部、建物が建ちますが、全体からみれば付随的なものです。そのため、契約の期間も、20年間とか30年間というようにする必要もありません。

　ＡさんとＢさんとの間の契約の期間は10年ときめられましたが、借地借家法の適用も原則としてありませんから、それでもよいのです。また、借地借家法の適用がなければ、10年の期間が満了すれば、契約は終わってしまいます。ところがＡさんは、この契約が、半永久的に続くものと理解してしまい、期間が満了しても、自動的に更新されるものと考えていたのです。建物の所有を目的とするものと混同したのです。

　こうして、いざテニスコートを造成することになりましたが、Ａさんは、「どうせ作るのなら立派なものにしよう」と思いました。半永久的に使うものであるからには、多額の費用をかけても惜しくないとの考えによるものです。

　そのため、テニスコートは人工芝とし、その下には、透水性のコンクリートを入れました。これならば雨が降っても、ぬかるむこともなく、また雨がやめば、すぐにでもプレイすることができます。さらに、夜でもプレイできるように、照明設備までとりつけました。もちろん、費用の方もばかになりません。全部で10面つくりましたが、一面あたり1000万円近くかかってしまいました。

　さて、約束の10年の期間が満了してしまいました。Ｂさんから明渡しの申し入れがなされたのも、当然のことです。契約がまだまだ続くものと考えていたＡさんは、びっくりして、知り合いの弁護士に相談しました。だが、この契約に借地借家法が適用されないことはあきらかです。やはりＢさんの要求どおり、明け渡さなければならないということになりました。

　ところで、問題はＡさんの投じたテニスコート造成のための費用です。1億円近いものがかかっており、その後もていねいに管理してきたため、

第8章　修繕・必要費・有益費・造作買取り・建物買取りの問題

10年たった現在でも、ほとんど痛んでおりません。

　これが有益費にあたることは、おわかりでしょう。では、AさんがBさんにその償還を求めることができるかというと、問題がないわけではありません。たとえそれだけの施設が残っていたとしても、同じ価値を残しているとはかぎらないからです。たとえば、かつてボーリングがブームとなりましたが、ブームが去ってしまえ

★結構かかっているんです

ば、どんなに立派なボーリング場も、無用の長物にしかすぎません。テニスの場合も、同じことがいえるわけです。

　AさんはBさんに対し、有益費を償還してくれるよう申し入れました。Bさんはこれを拒否したのですが、Aさんはその支払いを求めて訴訟を起こしました。その結果はAさんの勝訴に終り、Aさんはその支払いを受けることができたのです。ちなみに、このケースで、「借主は契約終了後、目的土地を原状に回復し一切の費用を請求しない」というような特約が結ばれていたら、どうなるでしょうか。

　結論をいえば、そのような特約は無効です。借主にとっての不利益がはなはだしく大きく、また社会経済的にみても、不経済であり、不合理な特約であると考えられるからです。

◆有益費に関する参照条文
（賃借人による費用の償還請求）
民法608条② 　賃借人が賃借物について有益費を支出したときは、賃貸人は、賃貸借の終了のときに、第196条第2項の規定に従い、その償還をしなければならない。ただし、裁判所は、賃貸人の請求により、その償還について相当の期限を許与えることができる。

4 造作買取りとその金額

障子やふすまなどで借主が取り付けた造作は、退去時に貸主に買い取ってもらうことができる。ただし、特約があれば別。

1．造作買取り問答① 造作と造作買取りの請求とは ‥

質問 造作とは何でしょうか。また、造作買取りとは、どういうことでしょうか。

●**ある程度の密着性** 「造作」とは、建物に付け加えたもので、具体的には障子やふすまなどのほかに、畳とか、作り付けの戸棚や本棚も造作にあたります。

この造作を法律的にいいますと「家屋使用の便益のために家屋に付加された付属物ではあるが、その家屋の構造部分とはならないもの」ということになります。

そこで単純な疑問が出ます。つまり、持ち運びできる本棚などは造作かどうかです。そのような本棚は、机とか椅子などと同じく、簡単に持ち運びできますので造作とはいえません。すなわち、ある程度密着していることが必要なのです。となると、畳は造作だといいましたが、これは簡単に持ち運びできるのではないかとお思いでしょう。しかし机とか椅子などとくらべれば、より建物に密着しているといえるでしょう。つまりこの程度の密着性があれば、造作ということになるのです。

質問 そうしますと、じゅうたんも造作ですか。
押入れについてはどうですか。

●**建物の一部ではない** そういうことになると思います。押入れなどはどうか、を考えてみますと、これは建物と密着しているというよりも、建物そのものになってしまいます。このようなものは、建物の一部分で

あって、造作ではありません。

すなわち造作とは、「付かず離れず」のものということになります。

質問 造作の意味はだいたいわかりました。では「造作買取り」とは、どういうことでしょうか。よく聞くことばですが、わかりやすく教えてください。

●**契約終了後に買い取る** 造作のなかには、はじめから取り付けてあったものと、後になって建物の借主が自分で取り付けたものとがあります。そして後者のものは、契約終了後、貸主に買い取ってもらえることがあるのです。

すなわち、借家人が家主の承諾を得たうえで、建物に付加し、または家主から買い受けた造作を、借家契約の終わった際に、時価で家主に買い取ってもらうことです。

２．造作とはなにか ・・・・・・・・・・・・・・・・・・・・・・・

造作とは、建物に取り付けられたもので、建物をより使いやすくするものをいいます。

取り付けられたものが造作ですから、家具や柱時計などのように、たんに建物内に置いてあるにすぎないものは、造作ではありません。もっとも、取りはずしができることは、造作というのにさまたげにはなりません。たとえば畳やガラス戸などは取りはずしができますが、たんに置いてあるのとはちがいます。

このように建物に密着しているものは、造作といえるのです。

取り付けられると建物そのものとなってしまったものは、造作とはいえません。たとえば前にのべた押入れのほか、建物を一部増築したとして、その増築された部分は、建物そのものの一部になってしまいます。したがって、造作ではありません。

なお造作は、建物をより使いやすくするもの、つまり建物の使用価値を増すものでなければなりません。いいかえれば、別の人が入居したとして、その人にも便利なものでなければならないのです。借主の個人的

183

な信仰で特定の宗教の仏だんを取り付けても、それは造作とはいえません。

　造作には、雨戸、ふすま、障子、電気・ガス・水道の設備、飾戸棚などがあります。

　ところで、ここまで読まれた方は、造作と前の項目でのべた有益費とが似ていることに気づいたことと思います。たとえば、前にあげた押入れとか増築部分などは、建物の一部分として造作とはいえません。それに投じた費用は、有益費となります。

　造作と有益費の違いは、造作は建物とは別の孤立したものであるということです。これに対して有益費は、建物そのものに投じられた費用です。この費用を投じた結果、建物自体は改良されることになります。

　建物とは別のものができ上がるのではない点で、造作と区別されるわけです。

　ただし、造作と有益費の区別は、はっきりしたものではありません。

　たとえば、ある判例は「陳列棚一式」を造作であるとしていますが、別の判例は「装飾棚」を有益費であるとしています。両者の中間的な事例では、「建物と一体化したかどうか」がはっきりしないからでしょう。

　もっとも、造作であるか有益費であるかということは、そう深刻な問題ではありません。造作を買い取ってもらうにしても、その効果は、有益費の償還の場合とほとんど変わらないからです。有益費の場合には、その支払いに期限がつけられることがあるくらいが、両者の異なるところです。

　要するに両者は、ほとんど同じものです。したがって、中間的な場合には、しいて区別をすることはありません。

3．造作の買取請求 ．．．．．．．．．．．．．．．．．．．．

　借主は、長年住んでいる間に、賃貸建物にいろいろな費用を投下します。その投下した結果が建物に溶けこんでしまう場合には有益費となりますが、建物とは別の物として残る場合には、造作となります。このよ

第8章　修繕・必要費・有益費・造作買取り・建物買取りの問題

うにして投下した費用は、貸主にとっても有益なものです。したがって、契約が終了した後に、そのままの形で建物の返還を受ければ、貸主はぬれ手に粟の利益を得ることになります。その利益の分は、貸主から借主に支払わせるのが公平です。

ただし、有益費の場合とちがって、造作は借主が取りはずして、持って出て行くことができます。たとえば、押入れや建物の増築部分をこわして持って出ることはで

★あれは何だ?!

きませんが、自分で取り付けた畳や建具をはずして持って出て行くことは自由です。とはいっても、このようなものは、取りはずしてしまっては何の価値もないというのがふつうでしょう。建具なども、建具の寸法に合わせているからこそ価値があるのであって、ほかの家では何の役にも立ちません。

4．造作買取請求の要件

造作を買い取ってもらえるのは、つぎの2つの要件を満たしている場合です。

①　貸主の同意を得て取り付けた造作であること。貸主に無断で取り付けた造作は、買い取ってもらえません。したがって、あとで買い取ってもらうつもりならば、あらかじめ書面などで貸主の承諾をとりつけてからにすべきでしょう。

②　借主の契約不履行によらずに契約が終わったこと。契約の継続中に造作を買い取ってもらえないことは当然ですが、契約の終わり方にも問題があります。すなわち借主の側に、賃料不払いや無断増改築、無断

譲渡・転貸などの契約不履行があったときは、造作を買い取ってもらえないのです。そのような不履行に対する制裁というのがその理由でしょう。

5. 買取請求の効果

　前記のような条件を満たしているかぎり、借主はいつでも造作買取請求権を行使することができます。行使のやり方は、ただ「買ってください」とだけいえばよいのです。これに対して貸主は「いや買いたくないから持って行ってくれ」とはいえません。貸主が「買ってください」といっただけで、売買契約が成立してしまうのです（ただし、平成4年8月1日以降の契約で、造作買取請求権排除の特約があれば別です）。

　もっとも、代金の額まで、売手である借主が勝手にきめることができるわけではありません。客観的な時価が、造作代金の額ということになるのです。客観的な時価とは、造作が建物に取り付けられている状態での価額ということです。取りはずした後の、ガラクタになったものの値段ではありません。いいかえれば、その造作付きでの建物の値段から、その造作をとりはずした建物の値段を差し引いたものが、造作の時価だということになります。

　とはいっても、客観的な時価がどのくらいかということについて、貸主と借主の意見が一致するとはかぎりません。双方ともゆずらなければ、最終的には裁判（調停あるいは訴訟）できめてもらうしかないのです。具体的には、借主が売買代金の支払いを求める形で、自分で妥当と思う金額を請求することになるでしょう。

6. 造作買取請求権を排除する特約

　造作買取請求権を排除する特約は、旧借地法では無効であるとされています。つまりそのような特約をつけたとしても、借主は造作買取請求権を行使することができるのです。

　しかし、借家法が改正され、借地借家法33条の造作買取請求権は強

行規定ではなくなりました（平成4年8月1日以降の契約）。つまり、特約により造作買取請求権を排除（買取りをしない）しても、その特約は有効となったのです。

　借主は、契約書をよく見て確認するように注意が必要です。

◆造作買取り・建物買取りに関する参照条文

（造作買取請求権）
借地借家法33条①　建物の賃貸人の同意を得て建物に付加した畳、建具その他の造作がある場合には、建物の賃借人は、建物の賃貸借が期間の満了又は解約の申入れによって終了するときに、建物の賃貸人に対し、その造作を時価で買い取るべきことを請求することができる。建物の賃貸人から買い受けた造作にについても同様とする。
②　前項の規定は、建物の賃貸借が期間の満了又は解約の申入れによって終了する場合における建物の転借人と賃貸人との間について準用する。

（建物買取請求権）
借地借家法13条①　借地権の存続期間が満了した場合において、契約の更新がないときは、借地権者は、借地権設定者に対し、建物その他借地権者が権原により土地に附属させた物を時価で買い取るべきことを請求することができる。
②　前項の場合において、建物が借地権の存続期間の満了する前に借地権設定者の承諾を得ないで残存期間を超えて存続すべきものとして新たに築造されたものであるときは、裁判所は、借地権設定者の請求により、代金の全部又は一部の支払につき相当の期限を許与することができる。
③　前二項の規定は、借地権の存続期間が満了した場合における転借地権者と借地権設定者の間について準用する。

5 建物買取請求権と買取り

地主は、契約を終了させる際には、借地上の建物を時価により買い取らなければならない。

１．借地契約の期間満了と建物買取請求 ・・・・・・・・・・

　普通借地契約は、期間が満了しても当然には終了しません（定期借地契約は期間の満了で終了）。地主と借地人の双方が合意で解約すれば別ですが、借地人が希望すれば、ふつうは自動的に更新されます。

　このようなことから、地主が期間満了により土地を返してもらえるのは、例外的なことです。その例外的な場合とは、地主に正当事由がある場合です。正当事由とは、地主が土地を返してもらうことについて、よほどの必要性がみとめられる事情です。

　このように、期間が満了した時に、地主が土地を返してもらえるという場合だけに、建物の買取りが問題となります。つまりそのような場合には、本来は建物をとりこわして土地を明け渡さなければならないのですが、それではあまりに不経済です。建物を残しておけば、地主がそれを使えるからです。

　とはいっても、地主がタダでそれを使えるというのでは、地主がぬれ手に粟の利益を受けることになります。たとえ中古とはいえ、借地であった土地に加えて建物まで手に入ることになるからです。そこでこのような借地人に対してみとめられているのが、建物買取請求権というわけです。その趣旨は、前の項目でのべた有益費償還請求権や、造作買取請求権と同じです。

　もっともこの権利は、地主が簡単に契約の更新を拒絶できた時代の遺物です。というのは、以前は法定更新という制度はなく、現在とは逆に、

188

原則として期間が満了すれば、契約は更新されないというのが原則だったからです。このような制度のもとでは、借地上に建物が残っていても、契約が終了することはめずらしくありませんでした。そのような場合には、借地人が「どうせ人のものになるのならこわしてしまえ」ということで、建物を材木にするしかありません。しかしながら、それでは社会的に不経済だということで、この建物買取請求権というものができたのです。

★だったら…お願いします

　現在では、借地契約終了後に借地上に建物が残っているというような事態は、ほとんど起りません。そのため、この買取請求権が行使されることは、ほとんどないのです。とはいっても、制度としては一応ありますし、それに実際上問題となることもないではありません。前にのべた正当事由が地主側にみとめられ借地を明け渡す場合がそれです。また、正当事由があるかどうかが裁判で争われ、結局、和解で明け渡すことになる場合にも、この権利のことが考慮されていることがあります。

　以下、簡単に建物買取請求権についてふれておきましょう。

２．建物買取請求権の要件と効果

　建物買取請求権の要件については、造作買取請求権に準じて考えることができます。つまり、借地人側の契約不履行、たとえば地代不払いや無断増改築、あるいは無断譲渡・転貸による契約解除以外の理由で、契約が終了した場合にだけ、この権利を行使することができるのです。建物自体がない場合、たとえば火災で滅失しているような場合に、この権利を行使することができないのは、もちろんです。

　なお造作の場合とはちがって、「建物を建てることの同意」のような

ものは、必要ありません。そもそも借地契約自体が、建物の所有を目的としているからです。

　それから、これも造作の場合とはちがって、借地人は「契約更新」の申入れをしておく必要があります。この申入れをしなくとも買取りを求めることができるとの解釈もありますが、一応はしておいた方が無難でしょう。とはいっても、契約の更新を申し入れるまでもなく契約は自動的に更新されるのがふつうです。そうなれば借地人としては、建物を自分で使うことになりますから、なにもこの買取請求権を行使する必要もありません。前にものべたように、この権利は、借地人の側で契約の更新を希望しているのに、地主の側でそれを拒絶し、それが認められた場合にだけ、行使する意味があるというわけです。

　買取請求権を行使した効果も、造作の場合とほぼ同じです。借地人が「買い取ってください」というだけで、地主との間に地上建物についての売買契約が成立してしまうのです。その場合には、建物のほかに、それに付属する下水施設とか、門、あるいは塀も買い取ってもらうことができます。

　買取り代金の額も、造作の場合に準じてかまいません。建物をばらした材木の値段でないことは、もちろんです。その土地の上にあるものとして、建物の時価をきめることになるわけです。

3．建物買取請求権放棄の特約 ・・・・・・・・・・・・・・・

　建物買取請求権をみとめないような特約は無効です。つまり、この契約をないがしろにするような特約は、無効になるということです。

　たとえば、「建物買取請求権は放棄する」とか、「建物は契約終了時に貸主に対し無償譲渡する」とかいった特約には、効力がありません。

　このような特約があったとしても、借地人はこの権利を行使できるのです。もっとも前述のように、この権利が行使されるような事態がそもそもまれですので、そのような特約が契約書の中に入れられることも、現在はまずありません。

第9章

紛争実例による
供託・借地非訟・
調停・訴訟による
解決の方法

※供託⇒賃料の値上げなどで賃貸人が賃料を受け取らない場合には、供託をすれば債務不履行になることはありません。

※借地非訟手続き⇒借地人か借地権の譲渡などで地主の承諾が得られない場合に、裁判所に申し立てて、地主の承諾に代わる許可を出してもらう手続です。

※民事調停⇒裁判所も申し立てて、調停委員の仲介により双方が譲歩し、合意できたら調停調書が作成される手続きです。

※訴訟⇒裁判所に訴訟の申立てをして、判決により白黒の決着を付ける手続きです。訴訟中の和解もあります。

- ・供託の活用と手続き ………………192
- ・借地非訟手続きによる解決法 ………198
- ・調停による解決法 …………………208
- ・訴訟による解決法 …………………213

1 供託の活用と手続き

1. 地代家賃の紛争と供託

　お金を払いたいのだけれど、相手が受け取ってくれないということは、ふつうでしたらめったにありません。ところが、借地・借家の場合には、これが決してめずらしくないのです。

　たとえば、家主が家賃を5万円から6万円に値上げしたとします。そのとき借主が、これをみとめれば問題はありません。しかし借主が「高すぎる」といってこれに反対するとなると、話がこじれます。というのは、その状態では、借主は従来の5万円の家賃を支払おうとするでしょうが、家主がこれを受け取ってしまいますと、1万円の値上げを撤回したことになってしまうからです。

　一方、借主の方としては、家賃を受け取ってもらわないと、こまります。何回もそれが続きますと、家主の方から「あなたは家賃を支払わないのだから契約を解除します」といわれかねないからです。もちろん毎回、5万円の賃料を払おうと努力したことを証明することができるならば、そのような心配はありません。この場合は勝手に受け取らなかった家主が悪いのですから、解約の理由にはならないのです。しかし、家主がとぼけて「5万円を払おうとしたことなんて一度もありません。何度も催促したのですが払ってくれませんでした」などといい出さないともかぎりません。そうなっては、裁判で契約の解除が認められてしまうおそれがあるのです。

　このような場合には、借主は供託という手続きをとることになります。供託というのは、借地・借家にかぎらず、相手がお金など弁済の目的物を受け取ってくれない場合に、法務局にその目的物を預ける手続きです。これをすれば相手にそのお金を払ったのと同じことになるのです。

　なおこの他にも、相手（債権者）が行方不明のときなどにも、供託を

することができます。

2．契約の解約と供託

家賃や地代の値上げの場合のほかにも、供託が必要となることがあります。それは、貸主が「契約は解除した」と主張している場合です。

たとえば、借地人が地主に無断で借地上の建物を増築したとします。別項の借地非訟手続きのところでふれますように（198頁）、このような場合には、地主からの契約の解約が認められる余地があります。

★それなら供託します

そこで地主から借地人に対し、内容証明で「契約は解約するから明け渡してください」との通知が出されたとしましょう。もちろん借地人の側では、この解約を否定するでしょう。「口頭で増築の承諾をとってある」とか、「この程度のささいな増築では解約の理由にはならない」とかいって、解約を否定するのがふつうです。このような場合にも、地代を払わないままでいますと、こんどは「地代不払い」を理由として二重に解約の通知を出されて、解約は確定的なものになってしまいます。

ところが、地主の側としては、こんな事情のなかで黙って地代を受け取るわけにはいきません。契約の解約を主張している以上は、契約はもう終わってしまったことを前提に行動しなければならないからです。つまり、契約が終わってしまっているからには、地代を受け取ってしまったのでは、解約を撤回したとみなされるおそれがあるのです。そうなっては、将来、明け渡しを求める訴訟を起こしても、負けることは明らかです。

このような次第で、借地人や借家人は地代を供託することになるわけ

です。その方法は、地代や家賃の値上げの場合と同じですが、つぎにそれをくわしく説明いたします。

３．供託の方法（借主の知識） ・・・・・・・・・・・・・・・・・

　貸主（地主または家主）が、賃料を受け取ってくれないときは、借主（借地人または借家人）は供託をすることができます（なお賃料にかぎらずひろく弁済の目的物一般を供託できること、また債権者の行方不明などの場合にも供託できますが、ここでは貸主が受取りを拒否した場合についてだけのべることにします）。

　供託をするには、法務局に行かなければなりません。法務局といっても、全国にたくさんあります。では、どの法務局に行くかというと、契約のしかたによってちがいます。

　契約書には、ふつう「賃料を払う場所」についての条項が書かれています。供託をしに行くのは、この賃料を払う場所を管轄している法務局ということになります。大部分の契約書のスタイルは、「賃料は貸主方に持参して支払う」というものです。したがってこの場合には、貸主の住所地を管轄する法務局（またはその出張所もしくは支局）に供託しに行くことになります。

　これに対して、「賃料は借主方で支払う」とか、「賃料は貸主が取り立てる方法で支払う」というようなスタイルも、ないではありません。どちらかというと、借地の場合にはこのスタイルが少なくないようです。このような場合には、借主の側の住所地を管轄している法務局（またはその出張所もしくは支局）に供託しに行くことになります。

　供託の手続きは、少しめんどうですが、それほどむずかしいものではありません。

　まず、法務局にそなえつけの供託書用紙をとり寄せます。あとは必要事項を書き込んで、提出するだけです。次頁にそのサンプルを掲げますので、参考にしてください。

　このサンプルは、借家人が建物の一部を増築したためにトラブルが生じた事案について供託する場合のものです。つまり家主の方で、契約違

第9章　紛争実例による供託・借地非訟・調停・訴訟による解決の仕方

【書式24】供託書の記入例

供託書（地代・家賃弁済）　　（第5号書式）　　　（注）1、供託金額の冒頭に￥記号を記入し、又は押印すること。
　　　　　　　　　　　　　　　（印供第1号）　　　　　　　　　　なお、供託金額の訂正はできない。
　　　　　　　　　　　　　　　　　　　　　　　　　　　　　　　　2、副本は折り曲げないこと。

申請年月日	平成　　年　6　月　1　日	法令条項	民法第494条	平成	年度金第	号
供託所の表示	東京法務局	契約の内容	賃借の目的物	供託者肩書地所在木造亜鉛メッキ鋼板葺　1階　76平方メートル（店舗）　2階　66平方メートル（居宅）		
供託者の住所氏名印	東京都千代田区霞が関1丁目1番4号　甲野太郎㊞　（代理人による供託のときは、代理人の住所氏名をも記載し、代理人が押印すること。）		賃料	50,000　円	支払日　毎月末　日	
			支払場所	1、被供託者住所　2、供託者住所　3、		
被供託者の住所氏名	東京都千代田区霞が関1丁目1番1号　乙野次郎		供託する賃料	平成　年　4月分　同年5月分、同年6月分		
		供託の原因たる事実	1.平成　年　月　日提供したが受領を拒否された。			
			増改築をめぐって紛争を生じ被供託者が予め受領を拒否　のため	2、受領することができない。　③.受領しないことが明らかである。　4、債権者を確知できない。		
1.供託により消滅すべき質権又は抵当権　2.反対給付の内容		備考				
供託金額	百十万千百十円　￥50000					

上記供託を受理する。
供託金の受領を証する。
　　　　　　　　　　　　年　　月　　日
　　　　　　法務局
　　　　　　　　供託官　　　　　　　㊞
　　　　　　　　　　　　　　　　　　　　　　　　　　　（下欄一部略）

反（違法な増築）を理由に契約の解約を主張して、家賃の受取りを拒否しているというわけです。

　なお「供託の事由」欄についてですが、「……提供したが受領を拒否された」の欄には、日付を記入しない方が無難です。というのは、そうしますと、支払いが遅れた分についての損害金をつけなければならないとか、支払期が来ていないから供託できないなどの問題が出てくるからです。

　もちろんサンプルの書き方のほかにも、たとえば「賃料値上げにつき合意が成立しないで係争中のため、受領しないことが明らかである」とか、「契約の存続について争いがあり明渡しを求められて係争中のため……」のような書き方でも、かまいません。

　ちなみに、サンプルでは、3か月分を一度にまとめて供託していますが、3か月程度でしたらあまり問題はないものの、それ以上、たとえば半年分や1年分もまとめて供託するということになりますと、それまで

195

の間の賃料不払いを理由に、契約を解約されるおそれもあります。問題をさけるためには、めんどうでも毎月ごとに供託した方がよいでしょう。

　それから、供託をするときには、切手をはった普通郵便用の封筒に、相手方（被供託者）の宛名を書いたものを提供しなければなりません。これは法務局から相手方に、供託されたことを通知するためのものです。

４．供託金の還付（貸主の知識）・・・・・・・・・・・・・・・・・・

　供託の相手方（被供託者＝地主・家主）は、いつでも供託された金銭その他のものをおろすことができます。もっとも借地・借家の場合には、貸主が供託された賃料を黙っておろしてしまいますと、賃料の値上げや契約の解約を撤回されたものとみなされるおそれがあります。

　このため、貸主は供託された賃料に手をつけないのがふつうで、なかには、何十年も放っておかれた例もあります。しかし、何年もたってから、受け取るのでは、物価の上昇で目べりしていますから、これではお金を死なせるようなものです。

　そこで貸主としては、供託金がある程度まとまった額になったら、借主に対して〔書式25〕のような文面の内容証明郵便を、配達証明つきで出します。そして配達証明が戻ってきたら、供託金をおろす手続き（還付）をとればよいのです。

【書式25】供託金の還付通知書

　貴殿が平成〇年〇月〇日から平成〇年〇月〇日までの間、合計〇回にわたり〇〇法務局平成〇年度金第〇〇号、平成〇年度金第〇〇号、…………をもって供託した合計金〇〇円は、平成〇年〇月分から平成〇年〇月分までの間の（注）賃料相当額の損害金として還付を受けますので、ご承知おきください。

　　　　　（注）　賃料値上げを求めている場合、ここのところは「賃料の一部
　　　　　　　　として還付を受けますのでご承知おきください」となります。

5．供託にはどんな効果があるか

　賃料についていえば、供託をすると、賃料を払ったことと同じになるのです。したがって債務不履行の問題は起こりません。ただし、賃料値上げの場合の供託については、必ずしも全額を払ったことになるとはかぎりません。というのは、あとで貸主が賃料値上げの裁判を起こして、それが認められた場合には、全額を払ったことにはならないからです。このような場合には、借主は、裁判所が認めた賃料額と自分が供託した金額との差額に年1割の利息をつけて払わなければなりません。

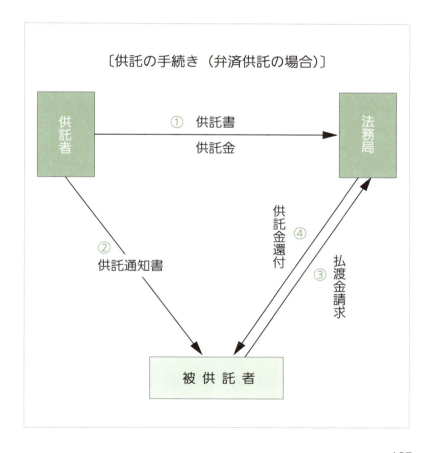

〔供託の手続き（弁済供託の場合）〕

② 借地非訟手続きによる解決法

●借地非訟手続きとは ‥‥‥‥‥‥‥‥‥‥‥‥‥‥

　賃借人は、賃貸人の承諾がない以上は、賃借権を他人に譲り渡すことはできません。このことは、転貸（又貸し）についても同じです。借地契約でも同じことで、借地人が地主に無断で借地権を他人に譲渡したり転貸したときは、地主から借地契約を解約されるおそれがあります。

　借地契約では、上にのべた無断譲渡・転貸の禁止のほかにも、無断増改築の禁止など、つぎの項目以下でのべるようないろいろな制約が借地人に課せられています。借地人がそれらに違反したときは、地主から契約を解約されることもあります。

　実際にも、かつてはこの種の違反をめぐって、契約の解約が有効かどうかが裁判で争われることが少なくありませんでした。借地人としては、契約が有効であるとの裁判が出されれば、建物をとりこわして土地を明け渡さなければなりません。これは、深刻な問題です。

　そこでこのような紛争を未然に防止し、土地を有効に利用させようとの意図のもとに、昭和41年、借地非訟手続きが定められました。簡単にそのあらましを述べておきましょう。

　借地に関する紛争のすべてが借地非訟事件となるわけではなく、借地非訟事件となるのは、以下のような場合に限られます。

①　借地条件の変更をしたいとき。

②　借地上の建物を増改築したいとき。

③　借地契約更新後、建物を再築したいとき。

④　借地上の建物を譲渡または転貸したいとき。

⑤　競売で借地上の建物を取得したとき。

　たとえば、借地人が、借地権の譲渡もしくは転貸、または建物の増改築を希望しているのに、地主がこれを承諾しないとします。

第9章　紛争実例による供託・借地非訟・調停・訴訟による解決の仕方

　このような場合には、借地人は裁判所に「地主に代わって許可してく
ださい」との申立てをすることができます。これに対して裁判所は、い
ろいろな事情を考慮したうえで、相当とみとめるときは、「地主の承諾
に代わる許可」を借地人にあたえることができます。

　なおその際、裁判所は、そのみかえりとして、借地人が地主に一定額
の金銭を支払うよう命じるなど、一定の処分をすることができることに
なっており、実務上はそれを命じることがふつうになっています。これ
が借地非訟手続きというものですが、以下にくわしくのべることとしま
す。

(1)　借地非訟事件の手続き──借地条件の変更の申立て ・・・

１．借地契約（旧借地法）の目的

　旧借地法上の借地契約では、借地人がどのような建物を建てるのかと
いうことがきめられています（借地借家法ではこうした建物の区分はなく、定
期借地権では目的により契約期間が異なります）。これを契約の目的といいま
すが、この目的はつぎの２つのうちのいずれかに分けられます。

　①　堅固な建物の所有　堅固な建物とは、たとえば、鉄筋コンクリー
ト造りやブロック造り、あるいは鉄骨造りのものなどのように、耐用年
数が長く、簡単にこわすことのできないものをいいます。契約の目的が、
このようなものであれば、借地人はそのような堅固な建物を建てること
ができます。

　②　非堅固な建物の所有　非堅固な建物とは、堅固建物以外のもの
で、木造あるいは軽量鉄骨造りのものなどが、これにあたります。契約
の目的がこのようなものであるときには、借地人はそのような非堅固な
建物を建てることしかできません。それにもかかわらず堅固な建物を建
てたときは、地主から契約を解約されるおそれがあります（建物の区別
は、必ずしも明確なものではありません）。

199

２．目的の変更の必要性

　前にものべたとおり、ふつうの（非堅固な）建物の所有を目的とする借地契約では、借地人は堅固な建物を建てることができません（これとは逆に堅固な建物の所有を目的としている場合にふつうの建物を建てることはさしつかえありません）。

　ところが、借地人はこの制約を絶対に守らなければならないとすると、不都合が出てくる場合があります。たとえば、ある地域が防火地域に指定されると、その地域内では耐火建築物以外の建物が建てられなくなります。そして耐火建築物は、だいたい堅固な建物となりますから、その地域内でふつうの建物の所有を目的とする借地契約を結んでいる借地人は、建て替えることができなくなります。

　また、たとえば、かつては閑散な地域であったため、木造の建物の所有を目的とする借地契約を結んだ借地人がいたとします。ところがその後、その地区が発展して繁華街になったときなどには、まわりにどんどん鉄筋コンクリート造りのビルが建ってしまい、その木造建物だけが取り残されてしまいます。これでは、土地の有効利用という見地からも、望ましいものではありません。

３．条件変更の申立て

　そこで、このような場合に、ふつうの建物の所有を目的とする借地契約を結んでいる借地人は、裁判所に申し立てて、契約の目的を「堅固な建物の所有」に変更してもらうことができます。この申立てを「借地条件変更の申立て」といいます。

　申立てをするには、つぎのような事情のいずれかがなければなりません。すなわち、①防火地域の指定があったこと、②付近の土地の利用状況が変わったこと、③その他、事情が変わったこと。

　このうちの一つの事情があり、そのため借地契約の目的を堅固な建物の所有に変更することが相当となったこと。それにもかかわらず、地主と借地人との間で協議がまとまらないこと、以上です。

4．手続きの実状

　借地条件変更の申立ての場合にかぎらず、借地非訟の申立てがされたからといって、必ずそれを許す裁判が出されるとはかぎりません。裁判所がいろいろな事情を考慮したうえ、申立てをみとめないという決定が出すこともあるのです。裁判所は、どちらにするの審理をしなければなりません。

　借地非訟手続きの場合の審理は、ふつうの訴訟とちがって、固苦しいものではありません。証人

★お願いします

尋問などが行なわれるときは別として、だいたいはつぎの項でのべる調停のようなもので、世話役をまじえた話し合いといったふんいきです。また、この手続きは本来、当事者の気持ちに必ずしもしばられないで、裁判所が独自に裁判をすることができるというのが建前です。しかし実際には、当事者の双方が話し合いのうえ、双方が納得した条件で和解にいたるのがふつうです。

5．財産上の給付とその他の付随処分

　和解にしろ、裁判所が独自に結論を出すにせよ、借地人の言い分がみとめられる場合、すなわち地主が借地条件の変更を承諾し、または裁判所がそれに代わる許可を出す場合には、借地人から地主に対して、一定額の金額が払われるのがふつうです。その金額は、事情によって差がありますが、およそ更地価額の１割前後というのが多いようです。

　金額を支払わせるほかにも、裁判所は付随的につぎのような処分をすることができます。すなわち、

　　① 堅固な建物の所有を目的とする契約の地代は、それ以外の契約よ

りも高いのがふつうです。それだけ借地人の得る収益が大きいからです。このため裁判所は、地代の増額を命じることもできます。

　②　これら以外にも、契約の目的が堅固な建物の所有に変わったことによって、契約条項の一部、たとえば敷金の増額や、更新料のとりきめなどをすることが相当となることもあるでしょう。裁判所は、あらゆる事情を考慮して、そのような条項の変更を命じることができるのです。

6．手続きのやり方

　借地条件変更の申立てをするには、申込書を管轄の裁判所に出さなければなりません。管轄の裁判所とは、原則としてその土地所在の地方裁判所またはその支部です。

　申立書は２通作ったうえ、それに土地の固定資産評価額証明書、登記簿謄本（登記事項証明書）、それに借地契約書などの証拠書類があればその写しを添付します。

　申立書の書き方については、裁判所に問い合わせてください。

　収入印紙と郵便切手も必要です。収入印紙の額は、その土地の価額によってちがいますが、裁判所で教えてくれるはずです。

(2)　借地非訟事件手続き──増改築許可申立て・・・・・・・・・・

1．増改築禁止の特約

　借地契約には、「賃借人は賃貸人の承諾なしに増改築をしてはならない」という条項が入っていることが少なくありません。このような場合には、借地人が地主の承諾なしに勝手に増改築を行なうと、地主から借地契約を解約されてしまうおそれがあります。

　なお、このような特約がない場合には、地主の承諾なしに増改築をしてさしつかえありません。

第9章　紛争実例による供託・借地非訟・調停・訴訟による解決の仕方

２．増改築の必要性

　増改築禁止の特約があるからといって、借地人にその必要性が出てくることがあります。建物はいずれ古くなりますし、長い年月の間には家族がふえて手狭になることもあるからです。

　また、法定更新といって、法律上は、借地契約は期間が満了しても自動的に更新され、半永久的に継続されるのが通常のようです。建物に寿命がある以上、いつの日にかは増改築しなければならなくなるわけです。

　増改築が行なわなければ、建物はいつか朽廃し、そうなれば借地権は消滅してしまうからです。

　一方、地主の方では増改築を歓迎しないのがふつうです。

３．増改築許可の申立て

　このような次第で、以前は借地人が地主の承諾なしに勝手に増改築を行ない、地主がそれに対して借地契約の解約を主張して争いになることが少なくありませんでした。そこでこのような場合には、借地人は裁判所に、地主の承諾に代わる増改築の許可を与えてくれるよう申し立てることができるようになったのです。借地非訟手続きのなかでは、比較的多いケースです。

　この申立ても、必ずしも裁判所にみとめられるとはかぎりません。また裁判所がそれをきめるために審理を行なうこと、その審理の実状は、固苦しいものではないこと、和解で終わることが多いことについても、借地条件変更の申立ての場合と同じです。

　なお、この申立てがみとめられる場合には、借地人から地主に対し、およそ更地価額の３パーセント前後の金額が支払われるのがふつうです。また、その際には地代が増額され、あるいは期間が延長されることがあることもありますが、期間の延長の方は、それほど多くないようです。

４．手続きのやり方

　増改築許可の申立てのやり方は、だいたい借地条件変更の申立ての場

203

合と同じですから、説明をはぶきます。

　ただ、この増改築許可の申立ての場合には、以上のほかに、借地人がこれから行なおうとする増改築の内容をくわしく書かなければなりません。その内容とは、

　①　増改築の種類、規模、構造（建物の図面を添付します）。

　②　使用の目的（たとえば一階は店舗、二階は住居とするなど）。

　③　借地権の目的の土地、現存する建物、増改築部分のそれぞれの位置、形状および相互の関係を示す図面。

以上の事項を書いたものを申立書に添付することになっています。

５．申立ての時期

　実務上、借地人が増改築を始めてしまってから、増改築許可の申立てをするというケースが少なくありません。はじめのうちは気楽に考えて増改築の工事にとりかかったものの、地主から異議を出されてあわててこの申立てをしたというのが、その実状のようです。

　しかしながら、増改築許可の申立ては、それを始める前にしなければなりません。すでに増改築を始めてからこの申立てをしたのでは、却下されてしまいます。

　ただし、増改築を始めたとはいっても、それが簡単にもとどおりにできる程度の段階にとどまっているのならば、さしつかえないでしょう。また、増改築がかなりの程度にまで進んでいたとしても、地主の方でそれを理由として契約を解約する意向を持っていないときにも、やはりさしつかえないものとされています。

(3)　借地非訟事件手続き──譲渡・転貸の許可の申立て ・・・

１．借地権の譲渡・転貸

　前にのべたように、借地人は地主に無断で借地権を他人に譲渡したり、あるいは転貸することはできません（もちろん借家の場合でも同じです）。譲

第9章 紛争実例による供託・借地非訟・調停・訴訟による解決の仕方

渡なり転貸の相手が、暴力団員とか地代滞納の常習者であったりしたのでは、地主もこまってしまうからです。

２．譲渡・転貸許可の申立て

借地人が借地権を他人に譲渡し、または転貸することを希望しているのに、地主がこれを承諾しないときは、借地人は裁判所に「地主の承諾に代わる許可」を求める申立てをすることができます。

この申立ては、すでに譲渡・転貸してしまったあとにすることはできません。必ず事前にするべきなのです。ただし、たんに相手方と契約書を結んだだけの段階ならば、さしつかえありません（譲渡・転貸の相手方がきまっていないというのは困ります）。

土地が広いようなときには、借地の一部が譲渡・転貸されることもないではありません。しかし、そのような譲渡・転貸を許可すると、土地が分断されて、その利用価値が減ってしまうのがふつうです。そんなわけで、そのような申立てはみとめられないことが多いようです。

３．手続きの実状など

この手続きの実状も、借地条件変更の申立ての場合と同じです。なお、この申立てがみとめられるときには、借地権価額の１割前後の金額が、借地人から地主に支払われるのが普通です。

ちなみに、借地権の価額とは、借地権自体の価額のことで、更地価額の６割ないし８割くらいに評価されています（商店街などにぎやかな地域ほど、その割合は高く評価されているようです）。

たとえば、更地価額が1000万円、そのうえの借地権の価額がその７割の場合、譲渡・転貸の許可のみかえりとしての金額は、借地権価額700万円の１割である70万円前後となるのです。

205

(4) 借地非訟事件手続き──競売の場合の申立て ・・・・・・・

1．借地上の建物の競売

　借地上の建物に抵当権がつけられてそれが実行されたり、あるいは借地人の債権者が建物を差し押えるということも少なくありません。そのような場合、最終的には、建物は借地権付きで競落され、競落した者の所有になり、あたかも借地人が借地権を競売人に譲渡したのと同じ結果となります。つまり、競落人は、地主が承諾してくれないかぎり、借地権を得ることができないのです。

2．競落人からの許可の申立て

　このような場合には、競落人は裁判所に、地主の承諾に代わる許可を求める申立てをすることができます。この申立ては、借地人ではなしに競落人の方からするという点、また競落人は代金を支払った日から2か月以内にこの申立てをしなければならない点が異なっていますが、そのほかの点は、譲渡・転貸許可の申立ての場合と同じですので、そちらの方（204頁）を参照してください。

(5) 借地非訟事件手続き──地主からの借地権譲り受けの申立て ・・・・・・・・・・・・

1．借地権の譲り受け

　地主と借地人との間で合意すれば、地主は借地人から借地権を譲り受けることができます。そうすれば地主は、その土地を他の人に貸そうと、自分で使おうと自由になるわけです。

　また、地主が借地人から借地権を転借（又借り）することもできます。この場合、地主は借地人に土地を貸す一方、借地人から借地権を借りるといった二重の関係ができることになります。

206

第9章　紛争実例による供託・借地非訟・調停・訴訟による解決の仕方

２．地主からの譲り受けの申立て

　前にのべた譲渡・転貸の申立てあるいは競売の場合の競落人からの申立てがされたときには、地主は自分でその借地権を譲り受け、または転借したいという申立てをすることができます。

　この地主の側からの申立てをみとめるということになりますと、裁判所は、地主に対しては一定額の金銭の支払いを、また借地人や競落人に対しては建物または借地の引渡しおよび建物の登記を地主に移す手続きを、それぞれ同時に行なえ、と命じることになります。借地人から譲渡・転貸の許可を求める裁判所が起こされたときは、地主としてはできるだけこの手続きを利用すべきでしょう。

〔借地非訟事件手続き〕

借地非訟事件

下記の事項で地主が承諾（許可）しない場合
①借地条件の変更
②増・改築
③借地契約更新後の建物再築
④土地賃借権譲渡・転貸借
⑤競売・公売に伴う土地賃借権譲受

①借地非訟事件手続きの申立て

地方裁判所

※合意があれば借地の所在地の簡易裁判所

②地主の承諾に代わる許可（決定）
　地主に対して一定額の給付を命じる・など

207

3 調停による解決法

1．借地借家と金銭紛争

借地契約にしろ借家契約にしろ、タダで貸し借りが行なわれるのではありません。必ず賃料というものが支払われることが前提となっています。また賃料以外にも、権利金や敷金をはじめとして、今までに述べてきたいろいろな名目のお金が支払われることになっているのです。そのなかには、契約終了の際の立退料のように、貸主が逆に支払うという場合もあります。

このように貸主と借主との間では常にお金のことがからむ以上、いざ両者の間の関係がこじれたときは、「金を払え」「いや払う必要はない」といった紛争が起きる余地は十分にあるといってよいでしょう。それでは、このような紛争を解決するには、どのような方法があるでしょう。その方法の主なものとして、調停と訴訟（訴訟については後述します）という2つの手続きがあります。

2．調停の申立て方

調停と訴訟は、いずれも裁判所すなわち国の力を借りる紛争解決のための手段です。ただ調停の方が訴訟よりもおだやかであるという点が異なります。また、地代家賃の増減をめぐる紛争では、調停をしなければいきなり訴訟を起こすことはできません（調停前置主義）。

借地借家関係にかぎらず、財産上の紛争が起きたときは、管轄の簡易裁判所に調停の申立てをすることができます。管轄の簡易裁判所とは、原則として相手方の住所地所在の簡易裁判所です（交通事故や公害の場合はそれ以外の簡易裁判所にも管轄が認められています）。

申立てをする際には、収入印紙と郵便切手を添えて申立書（その書式は後に掲げます）を裁判所に提出しなければなりません。収入印紙の金額

は、請求する金額が多くなればなるほど高くなります。おおざっぱにいえば、請求する金額が10万円のときで500円、100万円のときで5000円、1000万円のときで2万5000円というように、金額が多くなるほど、割合的には少ない金額ですみます。郵便切手は、裁判所により若干異なりますが、東京簡裁の場合で相手方一名につき2580円（平成30年2月より）となっています。これもくわしくは、裁判所に問い合わせてください。

★冷静に、冷静に

3．調停申立書の記入事項と添付書類

調停申立書には、〔書式26〕（212頁）にあるように当事者（申立人・相手方）の表示、申立ての趣旨、申立ての原因の3つに分けて記載します。

当事者の表示は、自分と相手方の各住所・氏名を記載します。なお住所は、住民票上の正式な住所とは関係なしに、郵便がつく場所を書きます。

申立ての趣旨には、要するにこちら側が相手方に対して要求したいことを記載します。もっとも、たとえば「支払いが遅れたことについて謝罪せよ」とかいったような感情的にことを持ち出すのは、好ましくありません。

申立ての原因には、自分が相手方に対して請求していることの理由を書きます。つまり、たとえば「これこれの約束をしたのだからそれを実行するべきである」とか「これこれの理由により相手方には支払義務がある」というように、請求の趣旨を理由づける事実を書くのです。もっ

とも、ともすれば感情的な表現が入って長くなりがちですので、なるべく簡潔に書いてください。

　申立ての趣旨、申立ての原因、いずれも正確に書くためには多くの法律知識が必要であり、これを一般の人に要求するのは、とても無理な話です。だからといって、尻ごみする必要はありません。前にも述べたように、調停は比較的おだやかな手続きであり、申立書の内容が多少形式的に間違っていても、裁判所が受け付けてくれないということは、まずありません。いちおうの内容が書かれてあれば、こまかいことは後でなおせばよいのです。

　最後の添付書類は、当事者に会社などの法人がいれば、会社登記の全部事項証明書（管轄の法務局でとります）を添付します。それ以外は、参考となる資料を添付します。

4．調停はどう進められるか ・・・・・・・・・・・・・・・・・・・・

　さて調停手続きの進行ですが、第一回目の期日がきまりますと、相手方に呼出状が郵送されます。相手方がその日に出席すれば、調停期日が開始されます。欠席した場合には、さらに別の期日をきめて、同様にして呼出状が郵送されます。このようにして何度か呼出しを行なっても、相手方が出て来なければ、残念ながら調停は不調ということで終わってしまいます。もっとも、このようにして調停不調となることは、それほど多くはありません。たいていは、相手方が出席し、調停が始まります。

　不調には、原則として２人の調停委員があたります。この２人のほかにも、調停主任として裁判官がいます。この裁判官を加えた３人が調停委員会を構成して、事件を担当します。もっとも、裁判官は、調停成立あるいは不調などの大事な場面以外には、あまり出てきません。

　調停委員２人には、弁護士、学者などのほか、各界の有識者など、法律の専門家以外の人もなっています。年齢は比較的高いのですが、これは人生の経験豊富な人に、常識にかなった調停をしてもらえるようにとの配慮からでしょう。

第9章　紛争実例による供託・借地非訟・調停・訴訟による解決の仕方

　調停は、非公開の小さな部屋で、話合いの形で行なわれます。そのふんいきは、法廷のように緊迫したものではありません。もちろん傍聴人などいませんし、その席でのひと言がその調停での決定的な意味をもつということもありません。いわば、仲介者をまじえての交渉の延長といったような感じです。そして、その日のうちに話がまとまらなければ、なんどかそれがくり返されるのがふつうです。それで話がまとまれば、めでたく調停成立ということになります。

5．調停にのぞむ心構え ・・・・・・・・・・・・・・・・・・・・

　調停にもかけひきというものはありますが、あまりそれに力をそそぐのは、得策ではありません。むしろ自分の立場を、まじめに調停委員に訴えるべきです。それがわかってもらえば、調停委員が相手方を説得してくれるでしょう。それから、調停では、多少ともお互いにゆずり合わなければなりません。あまりにも意地をはったのでは、相手方の反発を買って、調停不調になってしまいます。

　前に述べたように、調停は、両当事者間で話がまとまって、はじめて成立します。話がまとまる見込みがなければ、調停は不調となってしまいます。この点が、簡易な手続きである調停の限界であるといえるでしょう。もっとも、話し合いがまとまらずに、調停が不調となるケースは、それほど多くはありません。調停委員が熱心に説得にあたってくれるからです。

　ただし、調停委員の案も、絶対に公平なものであるとは限りません。訴訟のように厳格な手続きをへないため、調停委員の知ることのできる事情にも限界があるからです。したがって、調停委員の案がどうしても納得でなければ、これを拒否することも自由です。

　調停が成立すると、その内容が調書に書かれます。この調書には、訴訟での確定判決と同じ効力が認められます。その内容に金銭の支払いについての条項があれば、それにもとづいて強制執行をすることもできるのです（裁判所が関与してまとまったものである以上、その効力は強いのです）。

211

【書式26】調停申立書

調停事項の価額　　　　円 ちょう用印紙　　　　　円 予納郵便切手　　　　　円		民事一般
（資料等）　　　　**調停申立書** 　　　　　　　　　○○簡易裁判所　御中		受付印
作成年月日	平成○○年○月○日	
申　立　人	住所（所在地）（〒○○○-○○○○） 氏名（会社名・代表者名）（☎　　-　　-　　） 　　　　　　　　　　　（ＦＡＸ　　　　　） 　　　　　　　　　　　　　　　　　　　　㊞	
相　手　方	住所（所在地）（〒○○○-○○○○） 氏名（会社名・代表者名）（☎　　-　　-　　）	
申　立　て の　趣　旨		
紛争の要点	後記記載のとおり	
上記の通り調停を求めます。		

紛争の要点	
1　賃貸借契約の内容 　　　　　　　　　　　－内容省略－ 2　賃料改定の理由 　　　　　　　　　　　－内容省略－ 3　未払い賃料 　　　　　　　　　　　－内容省略－ 4　供託の有無 　　　　　　　　　　　－内容省略－ 5　その他	
添 付 書 類	

（注）本訴状は東京簡易裁判所の調停申立書の例です。書式は裁判所に用意されています。

第9章　紛争実例による供託・借地非訟・調停・訴訟による解決の仕方

4 訴訟による解決法

　訴訟ということばは、広い意味では、裁判所での争いごと一般をさすようです。しかしここでは、ふつうの民事訴訟についてだけ述べてみたいと思います。金銭紛争や、不動産、動産などについての財産上の紛争は、原則としてすべてこの民事訴訟で結着をつけることができます。

1．訴訟を起こす手続きと裁判の進め方 ‥‥‥‥‥‥

　訴訟を起こすには、訴状を裁判所に提出しなければなりません。訴状の内容は、だいたい調停申立書と同じです。この、訴訟を起こす人を原告、相手方を被告といいます。ちなみに訴訟を起こされて、自分が被告とよばれることに腹を立てる人が少なくありません。刑事事件の「被告人」と混同しているからでしょう。しかし民事訴訟で被告となることは、はじでも何でもありません。国でさえも、数知れない民事訴訟で被告になっています。

　訴状は調停申立書とちがって、その形状や内容にあやまりがありますと、裁判所で受けつけてくれません。なお訴状を出すときにも収入印紙と郵便切手が必要ですが、その額は調停の場合の2倍くらいです。訴状を出しますと、被告に呼出状が行って、手続きが始まります。この点は調停と同じですが、被告が期日に出頭しないと大きな不利益になります。原告の言い分を認めたものと扱われて、訴訟に負けてしまうからです。

　調停とちがう点は、まだあります。訴訟では、原則として話し合いは行なわれません。原告と被告の双方が、各自の言い分を主張しあうのです。この主張は、準備書面という書面を通じてされます。この段階を弁論といいます。

　弁論で双方の主張が出しつくされますと、証拠調べの手続きに入ります。これは、証拠書類を調べたり、証人を尋問したりする手続きです。

213

この手続きによって、原告と被告のどちらの言い分が正しいのかが判定
されます。証拠調べが終りますと、判決が出されます。これによって、
どちらの言い分が正しいのかが宣告されることになるわけです。

　これでおわかりのように、訴訟では、調停の場合のように「不調」に
なるということは、ありません。必ず、なんらかの結論が出されるので
す。

２．訴訟上の和解とは ・・・・・・・・・・・・・・・・・・・・・・・

　もっとも、訴訟上の和解といって、調停と似たようなことが行なわれ
ることは、よくあります。これは、訴訟の途中で裁判官が原告と被告の
間に入って、話し合いをすることです。話し合いがまとまれば調書が作
られ、それが確定判決と同じ効力を持つ点は、調停の場合と同じです。

　和解手続きに入るのは、裁判官のすすめによる場合もありますし、当
事者の希望によることもあります。またその時期も、判決が出る直前の
時もありますし、訴訟が起きてすぐということもあります。いずれにせ
よ、和解に応じるかどうかは、当事者の自由です。和解案をことわって
も、かまいません。ただし、調停とちがって、その場合には判決が出ま
す。したがって、和解案よりも不利な判決になることもあるわけです。

　和解というのは調停と同じく、双方がゆずり合うものです。白黒がは
っきりきめられるものではありません。この点で、和解をきらう人も少
なくないようです。

　しかしながら、苦労して判決をとってみても、こちら側の言い分が全
部とおるとはかぎりません。また、かりに全部言い分がとおる判決が出
たとしても、それにもとづいて強制執行をするには、さらにテマと金が
必要です。

　もちろん、和解をしても、相手が和解条項を約束どおり守ってくれな
いことも、ないではありません。しかしながら、そのような場合は、少
ないのです。判決のように一方的に命令されたわけではなく、自分が約
束したことだからでしょう。

214

第9章　紛争実例による供託・借地非訟・調停・訴訟による解決の仕方

3．訴訟は弁護士に相談してから ・・・・・・・・・・・・・・・

　ところで、訴訟を起こすとして、訴状や準備書面の書き方や、証人尋問のやり方がわからないという方が多いと思います。しかしながら、ここでそれを説明することは、紙数の関係からとてもできません。というのは、実にいろいろな分野の法律知識をご説明しなければならないからです。したがって、むずかしい事件であれば、訴訟の専門家である弁護士に依頼されたほうが賢明でしょう。

　なお弁護士の依頼にあたっては、依頼すればそれでひと安心──終りだ、という考えかたは禁物です。というのは、弁護士費用などがかかり、かえって利益が少なくなったとか、逆に損だったという場合もあるからです。また訴訟をするにしても、弁護士まかせで何の協力もしないといったことは良策ではありません。訴訟は、当事者と弁護士が二人三脚で頑張るものだからです。

　こうしたことを念頭において、実際に弁護士に頼むときには、まず誰か紹介者を通じて事務所の門を叩いてください。よく、電話帳などを調べて"飛び込み"で初対面の弁護士さんのところに行く人もいますが、これは避けたほうがよいようです。弁護士としても、見ず知らずの人ですから、はたして報酬がとれるのか、安心して手を取り合って訴訟を乗り切れるのか──といった懸念をもち、おいそれと二つ返事で事件を受けることをしないからです。

　こうして、いちど弁護士に事件を頼んだら、明確に費用関係を取りきめ、あとはその先生を全面的に信用し、途中で弁護士を替えるといったことはしないことです。なお、訴訟は費用のほか、時間もかなりかかるという覚悟をしておいてください。

4．少額の訴訟なら本人訴訟も ・・・・・・・・・・・・・・・

　最後に、少額の敷金とか賃料などをめぐる簡単な事件であれば、自分で訴訟を起こすこともできないではありません。訴額が60万円以下の場合には、少額訴訟という方法もあり、これは出頭した日に、審尋が行

215

なわれて、その日のうちに判決が出るという簡易迅速な手続です。その場合には、自由国民社発行の「訴訟は本人で出来る」をお読みになられることをおすすめいたします。

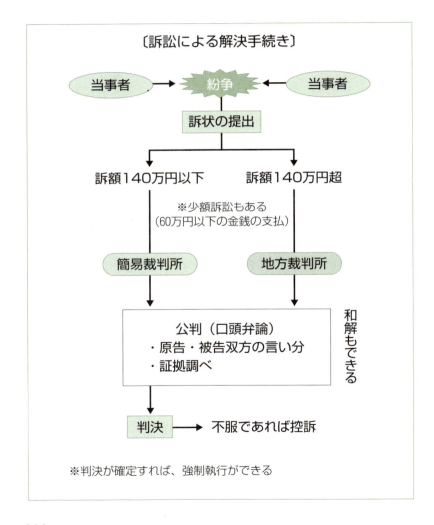

巻末資料　借地借家の金銭問題の重要判例
（最高裁判所判例）

＜地代家賃に関する判例＞

平成15年6月12日第一小法廷判決

　地代等自動改定特約において地代等の改定基準を定めるに当たって基礎とされていた事情が失われることにより、同特約によって地代等の額を定めることが借地借家法11条1項の規定の趣旨に照らして不相当なものとなった場合には、同特約の適用を争う当事者は、同特約に拘束されず、同項に基づく地代等増減請求権の行使を妨げられない。

＜権利金に関する判例＞

平成43年6月27日第一小法廷判決

　期間の定めのない店舗の賃貸借において、右店舗の場所的利益の対価としての性質を有する権利金名義の金員が賃借人から賃貸人に交付されていた場合には、賃貸借がその成立後2年9箇月で合意解除されたとしても、賃借人は、当然には、賃貸人に対して右金員の返還を請求することができるものではない。

＜敷金に関する判例＞

平成17年12月16日第二小法廷判決

　賃借建物の通常の使用に伴い生ずる損耗について賃借人が原状回復義務を負うためには、賃借人が補修費を負担することになる上記損耗の範囲につき、賃貸借契約書自体に具体的に明記されているか、賃貸人が口頭により説明し、賃借人がその旨を明確に認識して、それを合意の内容としたものと認められるなど、その旨の特約が明確に合意されていることが必要である。

　建物賃貸借契約書の原状回復に関する条項には、賃借人が補修費を負

担することになる賃借建物の通常の使用に伴い生ずる損耗の範囲が具体的に明記されておらず、同条項において引用する修繕費負担区分表の賃借人が補修費を負担する補修対象部分の記載は、上記損耗を含む趣旨であることが一義的に明白であるとはいえず、賃貸人が行った入居説明会における原状回復に関する説明でも、上記の範囲を明らかにする説明はなかったという事情の下においては、賃借人が上記損耗について原状回復義務を負う旨の特約が成立しているとはいえない。

＜敷引に関する判例＞

平成23年3月24日第一小法廷判決

　消費者契約である居住用建物の賃貸借契約に付されたいわゆる敷引特約は、信義則に反して賃借人の利益を一方的に害するものであると直ちにいうことはできないが、賃借人が社会通念上通常の使用をした場合に生ずる損耗や経年により自然に生ずる損耗の補修費用として通常想定される額、賃料の額、礼金等他の一時金の授受の有無及びその額等に照らし、敷引金の額が高額に過ぎると評価すべきものであるときは、当該賃料が近傍同種の建物の賃料相場に比して大幅に低額であるなど特段の事情のない限り、信義則に反して消費者である賃借人の利益を一方的に害するものであって、消費者契約法10条により無効となる。

　賃貸借契約締結から明渡しまでの経過期間に応じて18万円ないし34万円のいわゆる敷引金を保証金から控除するというもので、上記敷引金の額が賃料月額の2倍弱ないし3.5倍強にとどまっていること、賃借人が、上記賃貸借契約が更新される場合に1か月分の賃料相当額の更新料の支払義務を負うほかには、礼金等の一時金を支払う義務を負っていないことなど判示の事実関係の下では、上記敷引金の額が高額に過ぎると評価することはできず、消費者契約法10条により無効であるということはできない。

＜保証金に関する判例＞

平成11年３月25日第一小法廷判決

　自己の所有建物を他に賃貸して引き渡した者が右建物を第三者に譲渡して所有権を移転した場合には、特段の事情のない限り、賃貸人の地位もこれに伴って当然に右第三者に移転し、賃借人から交付されていた敷金に関する権利義務関係も右第三者に承継されると解すべきであり、右の場合に、新旧所有者間において、従前からの賃貸借契約における賃貸人の地位を旧所有者に留保する旨を合意したとしても、これをもって直ちに前記特段の事情があるものということはできない。

＜建設協力金に関する判例＞

昭和51年３月４日第一小法廷判決

　建物（ビルディング）の貸室の賃貸借契約に際し賃借人から建物所有者である賃貸人に差し入れられた保証金が、右契約成立の時から５年間これをすえ置き、６年目から利息を加えて10年間に返還する約定のいわゆる建設協力金であり、他に敷金も差し入れられているなど判示の事実関係のもとでは、右建物の所有権を譲り受けた新賃貸人は、旧賃貸人の右保証金返還債務を承継しない。

＜更新料に関する判例＞

昭和59年４月20日第二小法廷判決

　建物の所有を目的とする土地の賃借権の存続期間の満了にあたり賃借人が賃貸人に更新料の支払を約しながらこれを履行しなかつた場合において、右更新料が、将来の賃料の一部、借地法４条１項及び６条所定の更新についての異議権放棄の対価並びに賃借人の従前の債務不履行行為についての紛争の解決金としての性質を有する等判示のような事実関係があるときは、賃貸人は、更新料の支払義務の不履行を理由として、更新されたのちの賃貸借契約を解除することができる。

＜立退料に関する判例＞

平成6年10月25日第三小法廷判決

　土地所有者が借地法6条2項所定の異議を述べた場合これに同法4条1項にいう正当の事由が有るか否かは、右異議が遅滞なく述べられたことは当然の前提として、その異議が申し出られた時を基準として判断すべきであるが、右正当の事由を補完する立退料等金員の提供ないしその増額の申出は、土地所有者が意図的にその申出の時期を遅らせるなど信義に反するような事情がない限り、事実審の口頭弁論終結時までにされたものについては、原則としてこれを考慮することができるものと解するのが相当である。

巻末資料

◆全国の弁護士会の所在地・連絡先一覧① 法律相談センターは弁護士会にあります

	名　称	住　所		電話番号
北海道	札　幌	〒060-0001	札幌市中央区北一条西10丁目札幌弁護士会館7階	011-281-2428
	函　館	〒040-0031	函館市上新川町1-3	0138-41-0232
	旭　川	〒070-0901	旭川市花咲町4	0166-51-9527
	釧　路	〒085-0824	釧路市柏木町4番3号	0154-41-0214
東北	仙　台	〒980-0811	仙台市青葉区一番町2-9-18	022-223-1001
	福 島 県	〒960-8115	福島市山下町4-24	024-534-2334
	山 形 県	〒990-0042	山形市七日町2-7-10NANA BEANS8階	023-622-2234
	岩　手	〒020-0022	盛岡市大通り1-2-1サンビル2階	019-651-5095
	秋　田	〒010-0951	秋田市山王6-2-7	018-862-3770
	青 森 県	〒030-0861	青森市長島1丁目3番1号　日赤ビル5階	017-777-7285
関東	東　京	〒100-0013	千代田区霞が関1-1-3	03-3581-2201
	第一東京	〒100-0013	千代田区霞が関1-1-3	03-3595-8585
	第二東京	〒100-0013	千代田区霞が関1-1-3	03-3581-2255
	神奈川県	〒231-0021	横浜市中区日本大通9	045-211-7707
	埼　玉	〒336-0063	さいたま市浦和区高砂4-7-20	048-863-5255
	千 葉 県	〒260-0013	千葉市中央区中央4-13-9	043-227-8431
	茨 城 県	〒310-0062	水戸市大町2-2-75	029-221-3501
	栃 木 県	〒320-0845	宇都宮市明保野町1番6号	028-689-9000
	群　馬	〒371-0026	前橋市大手町3-6-6	027-233-4804
	静 岡 県	〒420-0853	静岡市葵区追手町10-80	054-252-7522
	山 梨 県	〒400-0032	甲府市中央1-8-7	055-235-7202
	長 野 県	〒380-0872	長野市妻科432	026-232-2104
	新 潟 県	〒951-8126	新潟市中央区学校町通一番町1	025-222-5533
中部	愛 知 県	〒460-0001	名古屋市中区三の丸1-4-2	052-203-1651
	三　重	〒514-0032	津市中央3-23	059-228-2232
	岐 阜 県	〒500-8811	岐阜市端詰町22	058-265-0020
	福　井	〒910-0004	福井市宝永4-3-1サクラN7階	0776-23-5255
	金　沢	〒920-0937	金沢市丸の内7番36号	076-221-0242
	富 山 県	〒930-0076	富山市長柄町3-4-1	076-421-4811

▶次ページにつづきます

221

◆全国の弁護士会の所在地・連絡先一覧② 法律相談センターは弁護士会にあります

	名　称	住　所	電話番号
近畿	大　阪	〒530-0047　大阪市北区西天満1-12-5	06-6364-0251
	京　都	〒604-0971　京都市中京区富小路通丸太町下ル（相談）	075-231-2378
	兵 庫 県	〒650-0016　神戸市中央区橘通1-4-3	078-341-7061
	奈　良	〒630-8237　奈良市中筋町22番地の1	0742-22-2035
	滋　賀	〒520-0051　大津市梅林1-3-3	077-522-2013
	和 歌 山	〒640-8144　和歌山市四番丁5番地	073-422-4580
中国	広　島	〒730-0012　広島市中区上八丁堀2番73号	082-228-0230
	山 口 県	〒753-0045　山口市黄金町2-15	083-922-0087
	岡　山	〒700-0807　岡山市北区南方1丁目8番29号	086-223-4401
	鳥 取 県	〒680-0011　鳥取市東町2-221番地	0857-22-3912
	島 根 県	〒690-0886　松江市母衣町55番地4松江商工会議所ビル7階	0852-21-3225
四国	香 川 県	〒760-0033　高松市丸の内2-22	087-822-3693
	徳　島	〒770-0855　徳島市新蔵町1-31	088-652-5768
	高　知	〒780-0928　高知市越前町1-5-7	088-872-0324
	愛　媛	〒790-0003　松山市三番町4-8-8	089-941-6279
九州	福 岡 県	〒810-0043　福岡市中央区城内1-1	092-741-6416
	佐 賀 県	〒840-0833　佐賀市中の小路7-19	0952-24-3411
	長 崎 県	〒850-0875　長崎市栄町1-25長崎 MS ビル4階	095-824-3903
	大 分 県	〒870-0047　大分市中島西1-3-14	097-536-1458
	熊 本 県	〒860-0078　熊本市中央区京町1-13-11	096-325-0913
	鹿 児 島	〒892-0815　鹿児島市易居町2-3	099-226-3765
	宮 崎 県	〒880-0803　宮崎市旭1-8-28	0985-22-2466
	沖　縄	〒900-0014　那覇市松尾2-2-26-6	092-865-3737

▶弁護士会の法律相談センター　　全国各地の弁護士会は、市民の法律相談のための「法律相談センター」を設けています。これは弁護士会の所在地だけでなく、他の地域にも多くあります。

　また、「ひまわりお悩み１１０番」（℡０５７０－７８３－１１０）に電話をするとお近くの弁護士会につながり弁護士との相談日時、相談場所を決めることができます。インターネットで予約する場合は「ひまわり相談ネット」を利用することができます。

巻末資料

◆弁護士の手数料（報酬）

弁護士の手数料（報酬）については、平成16年３月までは、日本弁護士連合会の「報酬等基準規程」がありましたが、それ以降は廃止されています。そして、現在は、各弁護士、弁護士法人が個別に手数料を定めることになっていますので、相談や依頼の前に、手数料等の額については必ず確認してください。

手数料は、①法律相談、②事件の依頼を受けた場合の着手金（依頼時に支払う）および報酬金（成功報酬とも言われ、通常、利益を得た部分について一定額を支払う）とに分かれます。また、この他にも、弁護士の日当や交通費などの費用が必要です。

■報酬等基準規程（現在廃止：一部・参考）

①法律相談等

法律相談	初回市民法律相談料　　30分ごとに5000円から１万円の範囲内の一定額 法律相談料　　　　　　30分ごとに5000円以上2.5万円以下
書面による鑑定	10万円〜30万円のの範囲内の一定額

②民事事件の着手金・報酬金

	事件の経済的利益額が	【着手金】	【報酬金】
訴訟事件・非訟事件・家事審判事件・行政審判等事件・仲裁事件	300万円以下の部分	8％	16％
	300万円超3000万円以下の部分	5％	10％
	3000万円超３億円以下の部分	3％	6％
	３億円を超える部分	2％	4％
	※事件の内容により、それぞれ30％の範囲内が増減できる。		
調停事件および示談交渉事件（裁判外の和解交渉）	上記の訴訟事件等の額に準じる。 ※それぞれに算定された額の３分の２に減額できる。 ※着手金の最低額は10万円。ただし経済的利益の額が125万円未満の事件の着手金は、事情により10万円以下に減額できる。		

③日当等

日　当	半日（往復２時間を超え４時間まで） １日（往復４時間を超える場合）	３万円以上５万円以下 ５万円以上10万円以下
交通費	実費	

223

〔著者紹介〕
安西　勉（あんざい　つとむ）
東京生まれ。昭和46年に法政大学を卒業し、同大学院を昭和49年に卒業。その間、昭和48年に司法試験に合格。２年間の修習後、昭和51年に弁護士登録。元東京弁護士会所属（死亡）。
著書に「悪質借地人に対抗する地主の正攻法」「賃貸住宅のトラブルを解決するならこの１冊」（いずれも自由国民社）ほかがある。

國部　徹（くにべ　とおる）
昭和35年12月９日生。東京大学法学部卒業。平成４年弁護士登録。一般民事・家事事件をはじめ、労働事件や倒産事件、刑事事件など日常出来事全般、および主に中小企業向けの企業法務を取り扱う。
著書に「図解による労働法のしくみ」「労働審判・示談・あっせん・調停・訴訟の手続きがわかる」「戸籍のことならこの１冊（共著）」（いずれも自由国民社刊）などがある。

地代家賃 権利金・敷金 保証金・承諾料 更新料・立退料

1983年６月13日	初版第１刷発行
2018年12月23日	第４版第１刷発行

著　者　安　西　　　勉
　　　　國　部　　　徹
発行者　伊　藤　　　滋
印刷所　新灯印刷株式会社
製本所　新風製本株式会社

発　行　所　　　自由国民社

〒171-0033　東京都豊島区高田３丁目10番11号
TEL〔販売〕03(6233)0781 〔編集〕03(6233)0786
http://www.jiyu.co.jp/

Ⓒ 2018　　　　落丁、乱丁はお取替えいたします。